身の丈で生きるということ

【人間力】の育み方

中野靖彦＝著

風媒社

はじめに——「人」の「間」を生きる

よく、「自分らしく生きなさい」と励ましたり、励まされたりする。そう言われる時は、だいたい悩んでいることも多い。そんな時に「自分らしく」と言われても、何が自分らしいかますます悩むことにもなる。

他人と何か違うところがないと自分らしくないと思い込むと、ますます出口は見えなくなる。他人と違う「自分らしさ」を求めても、今の社会で自分らしさが発揮できるか悩む。自分を殺さないと社会で生きていけないのではという不安から、スーツ姿で面接に臨む。あるいは会社の雰囲気が自分に合わないと言ってすぐに辞める人もいる。すぐ辞めるのは、たいした目標もなく、単に自分に合わないと感じた人か、あるいは自分らしさを強く持ちすぎて、職場の雰囲気に合わないと思っている人であろうか。自分を強く持ちすぎている人は、それなりに自分らしさがあるといえばあるが、たぶんどこに勤めてもすぐ辞めるだろう。それで胸を張って自分らしく生きているとは到底思えない。

「朝日新聞」（二〇一四年一月九日）に、「ゼミで一番遅くまで就活していた学生が、社会に出て一番輝いていた」と、ある大学教授の就活についての話が載っていた。夢を膨らませて第一志望で入社しても、現実に出合うとうまく乗り越えられない人もいる。そして退社する。ところが、最後まで就職先が見つからず、やっと就職した人が輝いているという。さまざまな会社を訪問しているうちに、社会や人間関係の裏表を知り、その経験知が入社後にも生かされたのだろう。会社にもスムーズに適応でき、水を得た魚のように生き生きとして、自分らしさを発揮しているのだ。

われわれも、教員採用や就職試験に向けて、自分らしさを主張しなさいと指導する。すると、自分らしさがわからないと言う学生もいる。とにかく五五パーセント近くの生徒たちが大学まで進学する時代である。大卒ということで大企業を目指す学生も多い。しかし、自分で望んでいない大学・学部に入学し、大企業に就職して自分らしく生きなさいと励まされても、これもなかなか難しい。

人はそれぞれ持っている才能が異なる。大学を卒業して自らの能力を伸ばす人も多いが、反対に伸ばし切れずに終わる人も多い。どちらに転ぶかは、自分の将来を見据えて大学や学部を選んでいるかでおおよそ決まる。社会に出れば、環境を自分に合わせて生きるか、自分を変えて周りの環境に合わせて生きるか悩む。環境を自分に合わせることは相当のエネルギーが必要だ。環境に合わせて生きたがる人も多いが、自ら道を切り開いていく冒険を嫌がって他人の通った道を歩むのでは、自分らしく生きられない。

囲碁の世界では、十七歳までにプロになれなければ他の道を探すように指導されるようだ。これも厳しい世界ではある。しかしとにかく大学に進学してから将来の進路を考えるより、よほど挑戦的である。

＊

「人」の「間」にあるわれわれ人間が、いかに自分の生活ペースを守り、自分らしく身の丈に合った生き方ができるかを考えなければならない時でもある。人と人の信頼関係を築くには時間がかかるが、崩れるのは早い。「愛のムチ」も一歩間違えば、いじめと受け取られることもある。相互の信頼関係がなければ「愛情」と受け取ってくれない。

本書は、「いい加減」ではなく、何とか「良い加減」でありたいと願い苦心してきた自分自身を、もう一度足元から見直したいという想いに浸りながら、書き留めたものである。

身の丈で生きるということ——〈人間力〉の育み方

目次

第1章　自分らしく生きる

コンプレックスが人を育てる

最近では、子どもをやさしく褒めて育てる傾向がある。そのため、注意されたり叱られたりする経験が少なく、自分に何が足りないのか、他人に比べて何が劣っているかを判断できない子どもが増えている。

また、失敗すると自分に能力がないのだからと自分に責任を転嫁し、諦めてしまう子どもも多い。これでは困難に立ち向かうことも競争に打ち勝つこともできない。

やらないで後悔するよりは、やって後悔したほうがいいと思うが、そう考えない人の方が多い。学生にも、まず試してみたらと助言するが、失敗したらダメになってしまうのではという不安が先立ち、やはり躊躇する。もう誰かがやっているから、今更といって一歩を踏み出さない人は、バカの壁に阻まれているようなものだ（養老孟司）。

成功の見込みがないと踏み出さない人も多いが、一〇〇パーセント成功するなら、あえてやらなくてもいい。多くの人にとって、後悔したくないというのは本音であるが、何もしないでくよくよしても仕方がない。まず、一歩を踏み出す勇気を持つことである。当然、失敗は覚悟の上である。

人は必ず失敗するし、失敗を重ねるうちに自分の苦手意識が芽生え、コンプレックスを持つ。コンプレックスはマイナスのイメージが強いが、そもそも人は誰でもコンプレックスを大なり小なり持っており、それをどう生かすかで人生が左右される。コンプレックスを糧として飛躍できる人はそれなりの成功を収める。

名古屋国際マラソンの日（二〇〇八年三月九日）、多くの期待を集めながら失速したが、次の日には「大会に向け『あきらめちゃダメ』と何百回、何千回繰り返してやってきた」と語ったQちゃん。また冬季オリンピックにすでに七回連続出場していて、七回目に銀メダルをとり、「レジェンド」と喝采を浴びた葛西紀明選手がいる。何事にもあきらめる人の多い世の中で、「感動」の一言。

幼い頃から興味を持って勉強し、その道の専門家になった人、反対に、嫌いで苦手ではあったが、ライバルに負けたくない一心で勉強し、その道のスペシャリストになった人がいる。案外、後者の人も多く、ライバルとともにそれぞれ成長する姿に多くの人は感激する。このような生き方には希望がある。大人だけでなく、子どもも憧れる。

『プロジェクトX』というテレビ番組が好評であった。そういえば漫画本にもなり、小学校の教室の棚に備え付けてあった。とにかく失敗の連続で打ちのめされても、その失敗のコンプレックスをバネに成功を収めた話は数えきれないほどある。

人生やってみなければわからない

「朝日新聞」(二〇〇八年六月十四日、天声人語)で、作家の色川武大氏の人生レースについて触れていた。「人生8勝7敗なら上々、9勝6敗なら理想であろう。一生が終わってみると五分五分というところかな」

二十代の早い年齢でかなり成功し、そのまま成功し続け、終わってみれば10勝以上をあげた人もいるが、このような人はそうザラにいるわけではない。色川氏の言うごとく、8勝7敗は立派な勝ち越しである。勝ち越しと思える人生はそう送れるものでもないし、終わってみれば五分五分の人生、それでもよかったと思える。

ただ、最初に名を成し遂げながらも、その後、階段を転げ落ちるように転落した人もいる。若い頃に成功すれば、それを維持するのに苦労する。また、そのような人の中に、自分の実力だけで成功したと思い込んで自らの実力を過信し、周りの意見を聞かない人もいる。かつての成功の体験がいつまでも頭に残り、それにしがみつこうとするのだ。気がついてみると、どん底でもがくことになるのである。

あるいは若い頃は苦労の連続であったが、終わってみれば7勝あるいは5勝止まりの人もいる。勝ち越しとはいかないが、失敗を重ねながらも多くの人に助けられて、最後に5勝した人は、他人からの支援という貴重な財産を得ることができた。この最後の5勝は大きい。勝ち越し以上の価値がある。

右上がりの人生になるか右下がりの人生になるか、本人も予想できないし、どちらが幸せかは神様のみぞ知ることだ。やはり、終わってみてよかったと思えば、それで十分である。いや、それ以上であり、何も言うことはない。

今「挑戦」という言葉が新鮮に思える時代である。やってみないとわからないのに、失敗することが目に見えていると手を出さないという不戦敗が多いのが気になる。不戦敗を含めて8勝をあげれば勝ち越しであり、立派というしかないが、勝てる時だけ出場し、負けるとわかっている時は出ない8勝の価値は、やはり半減する。

時々、『プロフェッショナル』というテレビ番組を見る。グローバルな時代において、挑戦がキーワードになっている。外国人と渡り合うには言葉の壁があるが、日本人の私たち特有の文化があり、そこを根っこに挑戦する貪欲さが育てばそう負けるものではない。外国人に対しても勝ち越しは十分に狙える。

一流と、二流、三流の生き方はどこが違う?

あの人は一流で、あの人は二流、三流である、と人はいうが、一流と二、三流のどこがどう違うのだろうか。

スポーツジャーナリストの二宮清純氏は、「ミスをしない選手は超一流。失敗を成功につなげる選手は一流。責任を転嫁して失敗を繰り返すのが二流。三流は、自分が失敗したことすら気づかない」と述べている。

でも、漫書家の黒田クロいわく、一つの流れと書いて「一流」という。夢が二つある人は二流。三つある人は三流です。「一流」になりたい人は、大きな一つの夢を持ち、コツコツと我慢強く挑戦を続けていくことが大切である、とも述べている。

また、評論家の田原総一朗いわく、ランクづけするつもりはないというが、一流の人は何でも上手くいく。一種の天才であり、何をやっても成功する類い稀な才能をもった特別な人。

二流の人は、日々努力を続けて成功する。懸命に努力すればAランクになれるが、手を抜いたらたちまちCランクに転落する人。

三流の人は、突出した才能を開花させて成功もできる。ただがんばるだけではなかなか結果が出ないけれど、「これしかない」というものを見つければとことん打ち込み結果を出す人、と述べている。

確かに、一流とか二流、三流と人間をランクづけることは容易いことではないし、一歩間違えば一流も三流になるし、三流も一流になれる。

それにしても、一つの夢を追って、四十歳を過ぎて銀メダルを取った葛西選手には、改めて感服した。周りの人たちに支えられ、その中で活動できる人は恵まれている。一流の人は、人から愛され、支えられる何かを持っている。

一流の大きな夢は夢のまた夢である。大きな夢を実現できなくも、些細でも夢が多くあれば幸せである。三流には三つも夢がある。たとえ小さな夢であっても一つでも叶えれば、これ以上のことはないが、一つも叶えられなければ、三流以下となる。

「今の仕事以外は何もできないから」「僕はダメ社員だったから…」というサラリーマンの声が聞こえてくる。しかし、今の仕事ができるのに、三流、三流とバカにしたものでもない。また、与えられた仕事すら満足にできない三流の人も、別の仕事で他の人よりもっと努力すれば、ひょっとすると三流を脱出し、新しい世界が開けてくるかも知れない。もっと別の視点で自分を考えてみれば別の夢も見えてくる。いつ一流になるか、二流や三流で留まるかは誰もわからないし、神様も予想できないのである。

格差の激しい時代、見かけの一流や二流よりも、何かの可能性を秘めた三流のほうが生き甲斐を持てるし、そのほうが夢を感じるのではないか。三流は金を残し、二流は仕事を残し、一流は人を残す、と言う人もいる。いったい、自分が何を残したいかで生き方が異なる。

天才でも人一倍努力しないと一流を保てないとイチローが指摘していた。「自分は天才ではない、努力の人」と自分に言い聞かせているイチローの言葉には説得力がある。イチローは何を残すのだろうか。

一流から学ぶもの、三流から学ぶもの

超一流や一流になった人の本がよく出版される。そして、多くの人は一流に憧れ、なんとか自分も上に這い上がろうと努力するが、道半ばであきらめる人も多い。

確かに、一流には一流の味があり、学ぶべきことも多いが、自分の軸足も見ないで一流ばかりを見ていても、二流、三流止まりになる。よく、一流でなければ一流から学べないとも言われている。自分がそのレベルの技能を備えていないと、一流の技能を盗むことはできない。単に表面的なところのみを真似ていては、やはり三流止まりなのである。ゴルフで一緒にラウンドした人が、テレビか雑誌で見たプロのやり方を真似しようとして、「うまくいかない」と嘆いていたのを思い出した。

プロいわく「ミスをミスと見せないのがプロである」。だからアマチュアが真似ようとしても、それがミスとは思えないために、プロと同じようにやってみてもますま

すスイングが崩れるだけである。

ところが、われわれ素人がアマチュアのゴルフを見ると、何となく欠点がわかるし、学ぶ点も多い（実際にうまくいくかは別である）。要は努力して上達できるレベルをしっかり見定めることである。三流の私は、やはり三流のアマチュアから学ぶものも多い。

私も、ゴルフを始めた頃はテレビ番組もよく観てきたが、最近はなぜかあまり観ない。しかし、アマチュアの出演する番組は観る。自分と同じミスをしていると納得できる。

ただ指導してもらう場合は別である。素人に教えてもらってもあまり上達できないが、プロに習うとなぜかうまくいく（私がそう思うだけかも知れないが）。さすが、プロは上達のコツを心得ている。

ただ、一流といわれる人でも、努力型と天才型があり、一流までの道のりは違う。努力して一流になった人の道のりには、二流以下の人にもうなずける何かがあり、努力すれば同じようなレベルに近づけるのではないかと希望を与えてくれる。しかし、天才型はなるべくしてなった人が多く、学ぶ側のレベルが問われる。

天才型の名選手、かならずしも名監督ならず、ということも聞く。

発明王のエジソンの、「天才とは九九パーセントの発汗と一パーセントの霊感によってできる」という言葉はあまりにも有名である。一パーセントの霊感(才能)を持った天才と言われる名選手には、その一パーセントも持ち合わせていない選手がなぜ失敗するのかがわからないようだ。学ぼうとする人は、最初は素人であり右も左もわからない。最初の一歩を教えてほしい素人には、努力しなくてもうまくいく天才型には理解してもらえないし、モデルにはなりにくい。

九九パーセントの発汗を引き合いに出して、努力次第でどうにでもなると説いた人もいる。しかし、エジソンの言葉には、わずか一パーセントではあるが霊感が不可欠であると指摘する人もいる。

一パーセントの霊感を多くの人が持ち合わせていると思われるが、それを誰がどのように見つけ出せるか、ダイヤの原石も誰がどう磨くかにかかっている。たとえ見出せても、その後の努力の足りなさで、またまた三流に留まってしまう人も多い。

立場が人をつくる

「人間の資質は、一流は一流として、また二流は二流として生まれ落ちる時にすでに決まっている。二流がどんなに努力しても一流にはかなわない。だから二流は二流として一生懸命にいきなさい」（小林淳作）

引用元は定かではないが、運命論とも取れるコメントである。ただ、これは高望みばかりしていても上手くいかないという戒め論であろう。

幼い時から何でもできる、天才としか思えない子どももいた。しかし、その子がずっとそのまま成長し、社会で活躍しているとは思えない。一流の人の若かりし日のインタビューを聞くと、とても一流の人とは思えない言動も多い。たぶん、本人自身が一番苦笑いしているのではと思う。

どの記事であったか忘れたが、元サッカー協会の長沼健氏の話を引き合いに出して、道徳の授業をおこなった学校の先生（森竹高裕）がいる。子どもに関心の高いサッカーで一流選手になるには、二つある。それは何でしょうといって、才能、体力、精神力、練習など、およそ二十以上の項目を挙げて子どもたちに質問をした。多くの子どもが、能力ややる気とか練習などを挙げた。しかし先生は、子どもたちが次々に挙げる答えに、すべて「ノー」と言っていた。なかなか正解が出てこない。そこで先生は黒板に、「あいさつ」と「整理整頓」の二つのことを書いた。

「あいさつ」は人と人とのコミュニケーションの原点であり、人と上手く付き合い、素直に教えを乞う姿勢は相手に好感を与えるし、いろいろ教えてくれる。あいさつができる一流には人が集まるという。

あるサッカー選手がアシストの重要性を知るようになって、初めて一流の仲間入りができたと思ったそうだ。自分のやれることがわかり、周りからサポートしてもらえるのが一流の証であるという。サッカー以外でも一流と言われる選手の話はよく出る。ある一流のテニスプレーヤーいわく、最後にスマッシュでかっこよく決められるのは、その前のショットがよくなければできない。よいショットには伏線があるという。そのプレーヤーも若かりし頃は、一発で決めると意気込んでいた。それが、経験を積むにつれて自分一人では試合はできない、勝てないと知る。その時以来、人の意見にも耳を傾け、試合の組み立てを考えるようになったという。

駅伝は、ほとんど日本でしかおこなわれていないようだ。世界陸上で活躍した日本のリレー選手の話では、買い物の最中でも、声をかけ合いながら物をリレーして連携をはかったと聞く。涙ぐましい努力である。一方、外国では一人ひとりの世界が強く、人と合わせるのが苦手と指摘した人もいる。正月の箱根駅伝も感動するし、毎年、都道府県別の駅伝が開催される。中学生から大人までが、世代を超えてたすきをつないで走るのも、多くの人を引きつける。息を合わせ、自分の役割を果たす、ここに日本らしさがあるのかと思う。

また「整理整頓」は、ものを大切にする姿勢という。一流の人ほど、自分の物を上手に、大切に使い、しっかり整理されている。整理されていれば、ものがどこに、どう置かれているかわかる。使う時にも便利だし、うまく使って大切にすれば持ち物にも愛情がわいてくる。道具も使われる人によって、一流になり、長く使えるのだという。

プロ野球の王さんは選手時代、試合の当日には他の誰よりも早く球場に入って準備していたと聞いたことがある。自分なりに時間をコントロールし、道具の手入れをして試合に臨む。その毎日の繰り返しが一流を生み、世界の王になった。

今、一〇〇円ショップに行けば、多くのものが手に入るが、長く使う意識は薄く、使い捨ての気持ちが強い。安くても、いかに長く、上手に使うかで品物も生きる。私も整理整頓は苦手であり、いざ必要という時には見つからず、新しいものを買ってしまう。溜まる一方であり、到底、一流の仲間入りはできない。

自分に大切なものは何かをしっかり見つめ、人とうまく動くことのできる人はやはり、一流の証でもある。

六六点主義

ある国立大学の法学部をトップで卒業し、企業でもトップを維持し、将来の活躍を期待されたが、そのような実力者が集まった集団で耐えきれずにリタイアした話はよく聞く。中学校でトップクラスの生徒が高校に入学後、悩む生徒も少なくない。

嘘か本当かは定かでないが、昔、ある国立大学で、四年間、すべての科目の成績をCで通そうとした学生がいたという話を聞いた。六六パーセントできればCの成績となるが合格である。

しかし、四年間をすべてCで通すのは至難の業である。一歩間違えれば、落第の憂き目にあう。話によると、Aの成績なのに、Cをもらうためにわざわざ教授と交渉したという。AなのにCをくださいと言ってきたら、多くの教授は不思議に思い、その理由を聞く。どのように教授に説明してCをもらったかわからないが、なんとかしてもらったという。ここで学生が何を身に付けたはわからないが、ある会社に入社して、かなり出世したと聞く。

とにかく、すべてCで通そうということは剣ヶ峰を歩くようなものであり、自分の実力を知らないとできない技である。

われわれは、小さい頃から一〇〇点を目指してがんばってきた。六六点取ればいいんだ、と言っていると先生や親から、怠け者と叱られたものである。しかし、いつも脇目も振らずに一〇〇点を目指してがんばり、オールAの成績であった人が、その後、どのような人生を送っているかわからない。

日本では、受験勉強に躍起になるが、入学試験で高得点をとる能力と大学で求められる能力や社会で活躍できる能力は違う。入試センター試験や入試の成績が将来を予測する指標にはなっていないのが現実である。

何が将来を予測できるかわからないが、少なくとも、大学卒業後が勝負と考えれば、卒業を難しくし、しっかり勉学に励むようにすべきではある。今後、大学入試も大きく変わる時代である。推薦やＡＯ入試で、受験者の能力を見出そうとしているが、そうして入学させた学生が充実した学生を送り、確かな実力を身につけて卒業できる制度になっているかが問われている。これから大学全入時代が来るとも言われている。また大学の授業料が上がることに批判の目も向けられている。ただ、外国と比べて、比較的、卒業がやさしいと言われている日本で、全入と授業料の無料化が進めばどうなるかは目に見えている。

欧米では、大学教育まで無料という国がある。しかし、卒業することが大変であるからこそ、入学後、必死になって学業に専念する。そうして卒業した時の成績は、かなり将来を見通せる。必ずしも、外国の教育がすばらしいとは思えないが、入学する前に伸びきるか、入学後伸びるかのどちらがよいかは、言うまでもないことである。

改めて、アインシュタインの「教育とは学校で習ったすべてを忘れたあとに残るもの」という言葉を想い出した。学生時代に何を学び、将来、どう生きるかを見通すことは難しいが、幅広く、知識を貪欲に吸収できる柔軟性を身につけるには学生時代しかない。

森政弘先生の『「非まじめ」のすすめ』によると、非まじめは、ぐうたらの不まじめでもなく、頭から湯気を立てるまじめでもなく、ピンチに際してもゆうゆうとして、透徹した眼力と冷静な頭脳を持って解を求める姿勢であるという。こんな姿勢はどうしたら得られるだろうか。

「いい加減な生き方」も、ぐうたらになるか、「良い加減になるか」は紙一重である。

ほどほどに生きる

一時期テレビでは、お笑いタレントたちのクイズ番組があり、彼らの珍解答はばか受けした。ほどほどのバカさではなく、とことんのバカさ加減である。これが受けたのだから不思議である。

バカも個性？　そう考えれば、個性化時代に「バカさ」が脚光を浴びても不思議ではないという人もいる。優等生の模範解答だけでは誰もテレビを観ないだろう。珍解答は、観る側にとっては自分よりバカ（？）がそこにいることで得られる安心感のようなものを与えてくれるのかな。一服の清涼剤であり、テレビの世界と割り切っているのだろう。

最近は、一流大学や高校の超頭脳者と言われる学生たちやタレントのクイズ番組がよく放映されている。珍解答と騒いでいた時とは真反対の、観ている人もほとんど正解できないような超難問にいとも簡単にすらすらと答える。どんな頭の構造をしているか知りたい気持ちにもさせられるが、それよりも、自分の知識のなさを思い知らされてしまう。単に口を開けて観ているだけであるが、自分にないものに惹かれる。

このような変化は、この一、二年のことではないかと思う。それまでは家族団らんの時間帯にはホームドラマが多かった。あんな家族もあるのかとのんきに観ていた時代が懐かしい。確かに、今は時代の流れも速く、中途半端な生き方ややり方では、観る人を満足させられないかも知れない。とてつもない天才的な才能が社会にどう役立つかは関係なく、そんな飛び抜けた才能を持った人も世の中にはいることを知っただけでもいいかなという感じになる。

どちらも、私にはついていけない世界ではあり、自分には自分しかできないことがあると言い聞かせて生きている。それでも、ついついテレビに向かっており、そのペースに乗せられている自分に気づく。かつて、テレビが世に出たときには、人々がテレビ漬けの毎日になり、国民の一億総白痴化を招くと嘆いた人がいる。

ある時、ノー・テレビ・デーが言われ、一日、テレビを観ない日をつくり、自分の生活を見直そうという試みがあった。私も実際に試みたこともあるが、何となく落ち着かない。他の仕事をしてみるが、いつの間にかスイッチを入れている始末である。

こんな暮らしに嫌気をさして、いっそのこと、海外とか田舎暮らしをして、自分らしく生きようと考えた人も多い。退職後、東南アジアなどに居を構える人も増えたと聞く。お金も掛からず、快適な生活を送っている様子などが放送されたこともある。しかし、馴染めずに、しばらくして帰国した人も多いともいう。都会生活に慣れた人が、まったく生活ペースの異なる国や地方では、時間を持て余すようだ（三カ月くらいなら私も挑戦できそうではあるが）。

テレビが時代の流れをつくってきたが、今はネットが主流になった。そうなると、どこでも好きな情報が手に入り、外国にいても日本と変わらぬ生活が送れる。それでも、長年、その雰囲気が染みついた日本の生活から離れて、自分なりの生活スタイルを満喫するのには精神的に疲れるようだ。人は社会的存在と言われているように、周りの人たちと生活している。「ほどほど」が一番むずかしい生き方かもしれない。

ゆとりはエネルギーの源

冬季オリンピックで優勝した外国選手いわく「楽しんでスキー競技に参加してきました」。人生はスキーだけでない。その選手はスキーとはまったく関係のない法律の勉強で大学に通い、法律家になるのが夢だという。スキーは趣味でやっているというような言い方である。彼にはなぜかゆとりがある。

優勝はしなかったが、「楽しんできました」というような言葉は、日本選手からも聞かれるようになった。でも、すぐに四年後のオリンピックを目指してがんばりますとも言う。そこにはまだまだオリンピックに照準を合わせ、すべてのことをスキーに連動させて動く日本人選手の姿も見る。

日本の選手は帰国後、次のオリンピックを目指すのが普通だが、自分の将来の夢を実現するために弁護士の資格をとり、その間に練習しますと言えばどうなるだろうか。最近では、いろいろな生き方を認める人も多くなってきていると思うが、たぶん、喝采を送る人の一方で首を捻る人もいるだろう。

イチローと北野武の『超一流の人とは…』という内容の対談があった。そこでは次の二つのことが触れられていた。「二つの脳を持つ」ということと「常に余裕を持って行動していれば、成功する」である。一つ目は、物事をやる時は、集中してやる自分と、その状況を客観的に見ている自分がいないとダメだ、ということ。すなわち、集中する能力と全体を把握する能力の二つが機能的に働いてこそ、よい結果が生まれるという。

やはり超一流と言われる人は、二つの脳の切り替えが上手であるようだ。今やっていることが上手くいかなくなると別のことに没頭する。そうすると、悩んで上手くいかなかったことが急に見えてくる。この切り替えは、ゆとりがないと難しい。

イチロー選手は練習を必死でやらないと述べていた。練習は少し手を抜く。あまり必死になってしまうと、客観的に物事が見えなくなり、よりよい判断ができなくなるという。

それでもイチローは若いときから、他の誰より自分なりの練習を多く積んだという。その自信があるからこそ、力を抜く術を覚えたのだろう。自分を熟知していないと、力の手加減はできないし、それができているからこそ、長い間、超一流といわれ活躍できたのだろう。ただ単に手を抜くのではない。自分のリズムがありそれを熟知しているからこそ、余裕も生まれた。外国のスキー選手が、スキー以外のことも話題にして金メダルを獲得できるのは、やはり、力の抜き方の熟知と余裕のある生き方によるものであろう。

日頃、必死になって練習している者が手を抜くとどうなるかはわかる。たぶん、ペースを崩して回復までに時間がかかるだろう（それでも回復すればいいが）。もし、ゆとりがあれば、落ち込んだ時に、別の分野にも挑戦する気にもなる。

そうそう、日本でもゆとり教育が導入され、自分の考えをいろいろ生かして学習することが目指された。ところが、そのゆとり教育が学力低下の根源となり、方向転換の憂き目にあっている。誰しもゆとりは大切であるが、ゆとりを自由と履き違えてしまったようだ。

興味がわかなきゃ自分らしさは出ない

人は、わからないことがあると、無性にそれが知りたくなるという知的好奇心を持っている（J.McV・ハント）。その好奇心が頭をもたげてくると、人は探索に走る。そして、知るとその先が知りたくなり、とことん追究したくなるシロモノである。小さい時には、おもちゃを壊すし、三歳頃には、何かが起こると、どうして、どうしてと聞き、親を困らせた人も多いだろう。この頃の子どもにとって、見るもの、聞くものすべてが新鮮であり、未知の世界である。好奇心が泉のように湧き出す。

しかし、人は成長とともに、なぜかこの好奇心が薄れていくようだ。幼い頃は、好きなことをやっていても、周りもそのまま続けさせた。大人たちは、「なせば成る、なさねば成らぬ何事も」と、興味のあることを一生懸命にやればいいと言い聞かせ、叱咤激励する。ところが、いつまでも好きなことだけをやらせているわけにはいかない。小学校三、四年くらいを境に、大人の態度が豹変する。一生懸命ボールを追っていた子どもを塾へと駆り立て、点取り虫に変身させる。子どもいわく、好きで点取り虫になっているのではないと。

あるデータによると、小学校四年生が水泳などのお稽古事と学習塾との分岐点であるようだ。この年齢までは水泳やダンス教室に通うが、その後、学習塾通いが始まる。私の知り合いの小学四年生の女子も、それまで母親も一緒になって水泳教室に通って楽しんでいたが、ある日とつぜんやめた。そして塾通いである。その母親いわく、もうこれで大学受験までの体力がついたから水泳教室をやめさせたとのこと。子どもの悲しそうな顔がいつまでも目に残った。

野球に興味ある子どもは、冬の寒い中でも一生懸命にボールを追う。保護者もわが子の活躍に目を細める。しかし、いつの間にか、親の関心が塾に移りはじめ、塾の送り迎えには熱心になる。いつしかボールを追う関心も薄れ、グローブとボールは部屋の片隅に……。

このような、成長とともに好奇心が薄れてくる日本の子どもとは逆に、外国では成長とともに好奇心が強くなり、社会でたくましく生きる力の源となっている。最近、日本の子どもの学力の低下を憂うる人がいるが、もっと怖いのは好奇心や興味・関心の低さである。日本の子どもの興味・関心の低さは国際比較調査にも表れている。興味・関心が低ければ学力も上がらないし、意欲もわかない。

今日のテストは八〇点取ればいいと、自分で決めている子どもはいないし、ほどほどに野球をしようとする子どももいない。子どもたちは、小さい頃から、大人が叱咤激励しなくても、全力投球している。そして、一〇〇点を取ろうとがんばるし、雨にも負けずボールを追う。そこに「がんばれよ」と言われると、どう頑張ったらいいか迷う。「がんばっているね」の一言で十分である。努力が認められれば、また頑張る。子どもには無限のエネルギーがあり、好奇心を持っている。その芽を出してあげることである。

出る杭は打たれない

今、自分に自信が持てない、自分のよさがわからない、などの自尊感情が低下している子どもが多いようだ。いや、大人にもそのような人はいる。それには、目立つと何を言われるかわからないという不安な気持ちが心のどこかにあるものと思われる。

私も四十年以上にわたって、子どもの教育や発達について関わってきたが、最近になって、学生の一言で思い知らされたことがある。

大学生が小学校の先生と話し合う機会があった。そこで学生が先生に「私は、小・

中学校のとき、理科の実験で、先生の言うとおりにならなかったし、隣のグループと実験結果も違い、失敗ばかりしていて理科が嫌いになった。どうしたら理科が好きになれますか」という質問であった。その時、先生がどのように回答したか覚えていないが、学生が納得した顔をしなかったことは確かである。

学校では、先生は正解しか言わないと思っていて、先生と違う結果になるのは、自分が間違いであると、子ども心に素直に信じていたという。確かに、算数で答えが先生と違っていたら、子どもの間違いであろうが、こと理科などの実験に関しては条件が少しでも違えば結果も違ってくる。隣のグループと異なっても、出た結果は結果であるが、それを自分が失敗したと受け取るようなことが続き、嫌になった。

そこで、「なぜ、結果が異なったかを考えてみよう」と、先生が子どもに投げ返したらどうなるか。たぶん子どもは一生懸命に考えて、積極的に発言もする。もし前回と異なった結果になれば、さらに追究していく。それが知の探究につながるし、意欲も高まる。そうそう、「上手くいかなくなった時は次を考えるチャンス」と述べた、ノーベル賞に輝いた科学者がいた。

確かに、これまでの日本では、みんなと異なる結果になると、自分が悪い、失敗であると教育されてきたように思う。そして、みんなと同じになるまで繰り返す。違いを違いとして認める傾向は少なく、出る杭は打たれてきた。

このような中で、自分の意見や考えを持って、自分らしく生きようねと諭しても、素直に自分らしさは育たない。しかし、グローバルな社会になって、考え方や、信念等の違いを持った人たちとともに生きていかなければならない時代に、違いを違いとして受け止め、対応しなければならないのである。一人ひとりが個性を発揮して、あちこちに杭を出せば、打つ方は疲れる。

アメリカ滞在中、よく小・中学校を訪問し、授業を見る機会もあった。とくに図工の授業で絵を描いていた時のこと、子どもたちはクレヨンの取り合いであった（その学校では、子ども一人ひとりがクレヨンのセットを持っていなくて、使い古しのクレヨンが入っているブリキ缶があった）。そして、缶から好きなクレヨンを取り出し、自分勝手に描いていた。みんなと違った絵を描いても平気であった。

またアメリカの大学でも、教員が説明している最中でも、学生は質問している。日本では、先生の説明がわからなくても質問することは避けるし、授業後、学生同士で、先生間違っていなかった？　と確認する始末である。

日本と文化、社会環境は異なるが、違いを違いとして認め、出る杭も打たれにくいアメリカの教育から学ぶこともある。

ウサギとカメから何を学ぶか

ウサギとカメの話は有名であり、誰しも知っている。小さい頃から、足の遅いカメでも最後までがんばればなんとかなると教えられてきた。

そう激励されてがんばったのに、上手くいかなかった人は多い。当然といえば当然である。カメがいくらがんばっても、ウサギが寝ない限りは勝てない。相手のミスを期待してあなたはカメのように勝負を挑みますか。

この話は、どちらが言い出したかははっきりしないが、カメが足の遅さをウサギにバカにされて、意地になって挑んだとも書かれている。その意気込みはわかるが、最初から勝てる見込みはなかったはずであるのに挑戦した。それでも相手に何が起こるかわからないのに挑戦したことを褒めるべきであろうか。

もし私がカメであったら、陸で挑戦して負けても、つぎは自分の得意な川での勝負を挑む。川での競争なら絶対にウサギには負けない。もし賢いウサギなら勝負してこないだろう。これで一勝一敗である。

人にはそれぞれ、得手、不得手があり、自分の得意な能力をどこで、どう発揮できるかを知ることである。ところが、知っていても対処できない人も多い。自分に甘く、他人に辛い人、その反対に、自分に辛く、他人に甘い人がいる。どちらも、自分をよく承知しているかどうかは定かではない。ただ、いつも自分を甘くみている人は、端から見ていても危なっかしい。また、どう考えても不可能であると思われるのにできると主張する、いわば要求水準が高すぎて結果がうまくいかない人もいる。しかし、本人は平然としている。

一方、誰が見てもできそうなのに、本人はできないと尻込みしてしまう、要求水準の低い人がいる。できるのに、自分でやってみる勇気がない。いつも人に背中を押してもらわないと踏み出さないでは、競争には勝てない。要求水準の高すぎる人、低すぎる人、いずれも身の丈を知らない人たちである。

これからグローバル化がますます進み、さらに苛烈な競争社会になる。その中で自分の身の丈を知ったうえで力を発揮しないと生きていけない。相手のミスを待っていても得られるものは少ない。ただ、身の丈を知るにはしっかり自己評価ができ、自ら判断する能力、行動する能力、考える能力などの力が必要となる。結局、これらの能力を総称すれば「人間力」といわれるものであろう。それは、人が人間として社会でたくましく生きていくための力である。

さらに、人間力を高めるには三つの勇気も必要となる。やり出す勇気、諦めない勇気、引き返す勇気である。ところが、失敗を恐れて、最初の一歩がなかなか出ない人、やってみてダメとわかるとすぐ諦める人、もう限界だと思われるのに辞めない人がいる。それぞれが、社会の中で身の丈を知って生きていけるか疑問符がつく。

そうそう「自分の将来の夢まで自己採点しないでください」という、ある進学塾のチラシをみた覚えがある。自分の能力や限界は、いろいろ経験しないと見えてこないのに、挑戦もしないで、早々に諦めてしまう若者に見せたいものである。

第2章　心の窓を覗く

曇った心には何も見えない

「教師」とかけて何と説く？　のなぞかけに対して、ある人が「盆栽」と説いた。その心は、「松（待つ）と菊（聞く）」である。

「待つ」と「聞く」の二つは、教師と生徒のみならず、親子関係など、あらゆる人間関係にとって大切であり、良好な関係を維持する上で欠かせない「心」であると身に染みた。

ただ、聞き上手、待つ上手の人に出会うのは難しい。知識のある人はやたらと説明したがる。教えたがる人からは何も学べない、とはよく言ったものである。また、人の話をじっと聞いてくれる人も少ない。悩むと専門家を訪れる人も多く、仕事とはいえ、話を聞くカウンセラーは大変である。

私は四十年近くにわたり、教育と研究を主な仕事としてきた。しかも、「心」を研究する心理学であるため、多くの人から、「心理学をやっていれば人の気持ちがわかるでしょうね」とよく言われる。初対面の人と雑談しているとき、専門は何ですかと問われ、心理学ですと言うと、心を見透かされると思ったのか、一瞬、顔の表情が変わり、沈黙が続く。

仕事柄、私も人から相談をよく受ける。そんな時、どのような受け応えをするか神経を使う。相手に好かれと思った一言で、心を傷つけ、二度と来訪しない人もいた。「相談に行ったとき、浮かぬ顔をしていましたね、私、何か気に障るようなことを言ったでしょうか」と相手から気にかけてくれることもあった。知らず知らずのうちに、前日にあったことが顔に出ていて、相手が配慮してくれた。どちらが相談者かわからなくなることもあり、カウンセラー失格である。

長年、心理学に関わってきて、結局のところ、何がわかったかと自問自答しても、「人の気持ちのわからないことがわかった」としか答えられない。

こんなことを言うと、多くの人は苦笑する。しかし、「人の気持ちのわからないことがわかって、初めて、素直に人の話が聞けるようになった」と言うと、やっと納得してもらえたかなと胸をなで下ろす始末である。今更ながら、待つ大切さ、聞く大切さが身にしみる。

われわれは成長すればするほど知恵もつき、賢くもなる。そして、自分なりの枠組みにとらわれる。しかし、賢さと反比例して、素直にものを見たり、感じたりする能力は落ちていく。社会に揉まれていない子どもは純粋である。相手の顔や動作の変化に敏感であり、反応は素早い。マジックのトリックを見破るのも子どもである。

養老孟司の『バカの壁』を想い出す。自分が培ってきた枠組みにとらわれてしまうと、自分の壁に阻まれて、周りが見えない、壁が越えられなくなる。人が何を考え、どう行動するか、そう簡単にわかるものでもない。理解できる、わかっていると思う気持ちが、目を曇らせてしまい、多くを見落としてしまうことにもなる。

心理学という学問の一つの特徴として、アマチュアとプロの差がないことだと言う（金沢創）。確かに、専門家として心理学者の目は何かと問われても答えようがない。研究領域に嵌《はま》ってしまうと、一人の「人間」として全体的視野から見ることはできない。かえって、アマチュアのほうが素直に人を見る目をもっているともいえる。

心はブラックボックス

人の心はブラックボックスであり、外部から直接、うかがい知ることはできない。もし、心の内を写し出す道具ができれば、理解できるかも知れないが、形のないものを写すことはできない。そこで、外に出た態度や行動から判断する以外に手段はない。占い師とて、目の前でじっと座っている人の運命を当てることはそう容易いことではない。相談者が何気なく発している言葉、顔の表情や相談内容から判断していることが多い。悩みを持っている人は、何らかの心のシグナルを送り続けており、誰かに読み取ってほしいと願っている。

われわれは、相手の気持ちを知りたいためにいろいろ質問をする。いわば、相手に刺激を与え、その反応を見ながら、自分の言ったことがどう受け取られているか、肯定的か否定的かを即座に判断し、ブラックボックスである心の内を知ろうとする。ただ、外に出た行動がその人の内面のすべてかと言えば、答えはノーである。その時、その場の雰囲気や相手との関係などによっても異なる。笑顔で話しているため、自分に好意があると思い込んだが大間違いであることも多い。顔で笑って、心では泣いていることもあるし、また、その逆もある。

このように、われわれは、毎日、相手の仕草や行動を見ながら、その都度、自分の行動を変えて人間関係を構築していく。長い付き合いが続いても、ふっと別の顔を見ることもしばしばである。

いずれにせよ、刺激は、与えられてから反応まで一直線に伝わるものでもない。純粋なプリズムで光を通すのとは訳が違う。それまでの経験によって内面に蓄積されたその人の思いやその日の天候に左右されるほど、人の心は微妙である。

今、まさに情報化社会であり、インターネットを利用すれば、世界中に張り巡らされた情報網から誰とでも会話ができる。世界の何十億の人ともつながっているが、顔の見えない世界である。いま交信している相手の様子は計り知れないのに、自分の思いを書き込む。それがどう受け取られたかも知らずに情報を交換する。お互いが架空の世界で、透明人間を相手にしているようなものである。透明人間には見える心はなさそうであるし、心の理論*を応用することも少なくなってしまうだろう。

人間とは、人の間と書く。他人がいて、自分がいる。たとえ心はブラックボックスであっても、目に見える相手があって初めて、相手の心の内を知ることができ、心の通う会話が成り立つのである。

＊心の理論―他者の感情や欲求などの心の状態を推測する。

見える心、見えない心

男女間しかり、仲間、友だち、夫婦関係でもそうであるが、長く付き合っていくうちに、付き合い始めた頃と人が変わってきたという人は多い。しかし、表面上、変わってきているように見えるが、実のところ、相手との関わりの中で、別の面が頭をもたげてきただけかも知れない。

よく、自分はこんな性格なのに、人から違うことを言われるといって、首を捻る人がいる。また、自分は二重人格かしらと悩む人もいる。そんな時、人はもともと百面相ですよと応えるようにしている。われわれも、よく性格テストを使う。すると、○○型の性格という診断結果が出る。それは、全体として、その人の性格の特性を表してはいるが、個々の特性には凹凸があり、今、たまたまある特性が強く表れているのであって、その時、その場によって、表れてくる性格が違ってくることもある。

とかく人は、性格を体格とか血液型と結びつけたがる。「サザエさん家の血液型」という、性格と血液型についての研究があった（林春男）。もちろん、実際には、波平さんはじめ、サザエさん一家のみなさんの血液型はないし、作者が血液型を意識して人物を描いたかはわからない。研究では、サザエさんの家族の血液型についてのアンケートを求めた。それによると、サザエさんとカツオ君はB型と思っている人が多く、波平さんはじめ、他の家族のみんなは、AとO型に分かれる。さらにそれぞれの血液型の人がどんな性格かについて回答を求めたところ、多くの人はA型がまじめで几帳面である、AB型が二重人格であるといい、B型が変人、おっちょこちょい、O型がおおらかというように、それぞれの血液型と性格に関連性があるように思っている人が多かった。確かに、サザエさんやカツオ君はおっちょこちょいのようではあるが。

しかしながら、血液型は何も、ABO型の四種類だけではないし、Rh型なども含めると、膨大な数になるようで、単に四種類だけに分けられないし、それで性格が決まってしまってはたまらない。この研究の主な目的は、血液型と性格というテーマであるが、人がいかにステレオタイプにものを見ているかを検討したものである。血液型と性格を結びつける科学的根拠はないようだ。

ある人が、あなたの血液型は？　と聞かれ、B型と応えたとき、怪訝そうな顔をして、「おっちょこちょいですか」といわれるのが癪に障って、その後は、C型と応えるようにしているとのこと。C型と言うと相手が不思議そうな顔をする。それを楽しんでいますと笑っていたことを思い出す。

われわれは、日常生活でも体格、髪型や服装などを手がかりにして、その人の性格なり行動まで判断してしまい、本当の姿を見失うこともよくある。

そうそうクレッチマーの体格と性格についての話は、学生時代に講義を受けたこともある。やせ型を見たら神経質かなと思うが、これも一般的なことではないらしい。

このように自分から決めつけて視野を狭くしては、肝心の見えるものも見えなくなる。

第一印象に騙される

『人は見かけが9割』という本も出版されているが、外見から心の内まで透視できないので、見た目で判断してしまうのは当然である。初めて人と会う時、多くの人は第一印象を大切にするために、外見だけでなく、言葉遣いまで気をつかう。確かに、第一印象は強烈であり、その印象はなかなか消えるものでもないが、見かけと実際の姿の食い違いは、時間とともに表面化してくる。

「最初は好印象だったのに…」というようなことをよく耳にするが、その後に続く言葉は想像に難くない。最初によい印象を持つと、その印象が日々、増長される。しかし、人は一面的ではなく、本当の姿は多重人格でもある。その時に見せたその人の姿もその人らしさであるが、場面が異なれば、また違った一面も見せる。それも、またその人らしさではある。第一印象をよく見せようとする心情もわかるが、強烈な第一印象を払拭させ、本来の自分を理解してもらうには時間を要するし、エネルギーも相当なものである。挙げ句の果て、「やはり最初とは違っていた」の一言である。

反対に、「最初は何も印象もなく、覚えていなかった」というのに、付き合っている人もいる。たぶん、初めて会った時より、印象がよくなったのだろう。後になってよさが出る方が、そのよさは倍増される。

家庭や会社、学校でも、毎日、顔を合わせていて、その人、その子なりを十分に知っているつもりでも、やはり最初の印象にとらわれていることも多い。長年付き合ってきた恋人も、ほんの一言で相手が信じられなくなったとか、三十年以上連れ添った夫婦が、こんなはずではなかったと愚痴をこぼす。毎日が未知との遭遇と驚いていた人もいる。

第一印象に惑わされることなく人を理解するには、ちょっと判断を控え、少し時間を置くだけで、別の顔を見ることはよくあるし、新たな出会いともなる。

一歩踏みとどまって見つめ直す、いわば判断を留保する気持ちが必要となることは十二分にわかっているつもりなのに、なぜか、即断したがるのも人の人たる所以である。ある人は親から、人と会う時には「白紙の状態で臨むのよ、そうすれば素直に向き合える」と教えられたという。先入観を捨てて白紙で臨むのは難しいが、頭を真っ白にしたら、いろいろ見えてくるだろうなと想像はできる。

動くことで見えるもの

人には「知りたい」という基本的で能動的な知的欲求がある。そして知れば知るほど、さらに知りたくもなる。かつて情報が乏しかった時代には、図書館に通い、本を読み漁りながら自分の目や手を使って必死になって情報を探した。飽くなき欲求に支えられていた。

また、カーナビがない時代には地図を片手に運転しながら、躍起になって目的地を探した。すべての感覚を使い、情報を入れようとした。その過程で頭に認知地図ができあがり、慣れてくれば地図はいらなくなる。

グループでの旅行も、引率者する人は、出発前の綿密な計画づくりや、旅の途中でも、地図を片手に行く先を探すために人一倍苦労する。そのおかげで、旅先での情報収集もおこなうことになり、旅行後も旅先での思い出が鮮明に残り、楽しく語らうこともできる。

ところが今、情報化社会で便利になり、カーナビに導かれるだけ、パック旅行では引率者についていくだけとなった。楽な分、旅先での経験も思い出として残らない。また、インターネットを活用すれば、あらゆる情報が入手できる。ほとんどの講演会ではパワーポイントが使われる。ところが、このように安易(?)に手に入れられる情報は、いとも簡単に脳から出ていってしまう。講演会の後、何が印象に残ったと聞いても、首を捻る人をときどき見かける。脳に十分、蓄積されていないのである。

いつも車に乗っていても、助手席の人は前方にのみ注意を向けていることも多く、受け身である。これでは視線も狭くなり、地図も頭に入りにくい。またスマートフォンのナビを使って目的地を探している人もよく見かけるが、けっこう苦戦している。ナビの奴隷になっていては風景も目に入らず、方向感覚も退化する。

人が自分の手足を使って能動的に動く場合と、受け身で連れていってもらう時でどのように行動の違いが出るかを比較した心理学の実験がある(ヘルドとハイン)。ゴンドラに乗せられた受け身の犬と自分の足で動く能動的な犬が、周りをどう見たかを比較した。そして、ゴンドラに乗せられた犬よりは、自分の足で動いた犬のほうが周りの風景を観察することがわかった。このように、能動的か受動的かによって、人も学ぶものが違うし、好奇心も興味・関心も異なってくる。能動的な活動は、脳の活動だけではなく、体全体で学ぶ。脳と体の動きが、どの程度、直結しているかの根拠は定かではないが、少なくとも体が自由に動かなければ脳の働きも鈍る恐れはある。

スポーツを観戦していても自分の体を動かしている人もいる。少なくとも、自分を選手と重ね合わせ、試合に臨んでいるものと想像される。ボーっと観ているだけよりは、少しは能動的かなと思うし、楽しみも多いのだろう。

五感力を磨く

単に見て学ぶ時は、主に視覚機能が働くが、自分でやる時には手や身体など全身を使い、視覚、触覚などの諸機能が関連しながら働くという。脳全体が統合的に動くところにも能動性と受動性の違いがある。

人間は、自分たちで食べ物をつくったり、捕ったりしていた時代には、味覚、聴覚、視覚など五感をフルに使って環境に適応してきた。たとえば、アフリカの原住民は、地面に耳をあてると、何キロ先に何頭くらいの馬がいるかわかるという。また、アマゾンの原住民は、都会人に比べて動物を探したり、薬草を探したりすることに長けた能力を持ち合わせているようだ。

このように、自然の環境の中で育つと、環境に合わせてそれぞれの感覚が研ぎ澄まされるが、その感覚を必要としない世界に入れば感覚が鈍化することもあるようだ。アフリカの原住民が都会に出て、数カ月もすると、かつてのような感性はなくなっていくという。

和食は食の世界遺産と言われるほど、その繊細さは世界に類を見ない。フランスの哲学者であるロラン・バルトが、「日本の箸の文化」の中で、箸を使って繊細に食べる日本の文化とフォーク、ナイフで切り裂いて食べる欧米での食事の仕方が、文化とどう関連するかなどについて幅広く触れている。われわれ日本人は、目で楽しみ、味覚で季節を感じ、箸一本で器用に摘んだり、裂いたりして食べる。この器用さや感性の豊かさが、われわれのあらゆる文化を育ててきたとも言える。

脳科学者の茂木健一郎いわく、食は脳の栄養である。食べ物には、脳を活性化したり、脳に喜びを与えたりする、脳への栄養という側面があるという。見た目にも、美味しく食べることは、人として豊かな精神活動を維持するのに大切であるようだ。

このように、手先を器用に使って繊細な料理をつくり、脳の栄養にしてきた文化の中で、今、われわれの生活を見渡しても、インスタント食品に頼ることも多く、食べ物の旬がなくなり、五感を通して季節を食することも少なくなった。

とくに、手は外に出た脳と言われ、手はすべての感覚の活動のキーになっている。ところが、すべてが自動化され、ボタンを押すだけの生活になり、手を器用に使って細かい作業をしなくなった。これでは、せっかく授けられた約一六〇億ともいわれている脳細胞をムダにしているとしか思えない。

ただ、今のような豊かさや便利さを享受している社会から、かつてのような社会に逆戻りすることは誰も好まない。しかし、五感が鈍化してしまったら、人が人らしく健康的に生きることができるのだろうか。健康寿命は、手助けを受けずに自分でどのくらい生きられるかである。年齢とともに転倒が増えることが指摘されているが、それも五感のバランスが崩れてくることによる歪《ゆがみ》かなとも思う。

機能を適度に休ませる

五感は、すべてが同時的に機能し、活動するわけではなさそうである。友だちと歩いていて、隣から話しかける声には何となく返事をしているが、後で感想を聞かれても何だった？　と聞き直すこともある。そして、聞いたことが左から右に抜けてしまったと、弁解も言う。しかし左右に抜けたのではなく、そもそも情報が耳でシャットアウトされて、脳に入っていないのである。

これは、視覚が働き、目の前のものに気を取られたために、聴覚が休み、友だちの話を聞いていなかったのである。何かに注視し、目に神経が注がれているときは耳の機能は低下し、働かないようになっているという。友だちとの話に夢中になって、道路の段差に躓いている人がいる。これは聴覚が働き、視覚がお休みであったからである。

よく助手席の人と話しながら車を運転している人を見かける。助手席に人が乗った場合、話さないわけにはいかないので、私も話をしながら運転することもあるが、多分、生半可な受け応えをしていると思う。運転中は、視覚が活動し、隣の人の話は脳に達していないと思う。聴覚はお休みである。もし真剣に助手席の話を聞けば、視覚が疎かになり、恐ろしい。

京大の教授が、サルは二つのことが同時にできないという脳の研究を「ネイチャー」に報告した（「朝日新聞」二〇一四年三月三日）。サルに記憶と注意に関する二つの課題を同時にさせると、神経細胞がお互いの活動を制限して、一つだけの場合に比べて活動が低下するという。

われわれも受験生の頃、ラジオ番組を聴きながら必死に勉強した「ながら族」である。ラジオを聴きながらの勉強では能率が上がらないのではと心配する向きもあるが、勉強が捗《はかど》るという人も多かった。捗らなかったのは、ラジオから流れる音楽や声に集中したため、勉強に集中していなかったことになる。勉強に集中すれば、耳に栓をした状態になり、話し声や音楽が耳に入らなかったはずである。この時も聴覚の機能を休ませていたのである。

少し、勉強に疲れてくると、脳のある機能が緩み、聴覚が働き出して音楽が聞こえ、音楽が流れていたのだと気づく。そんな時は、一服の清涼剤を飲んだ気持ちになるし、気分転換にもなる。

ただ、いまの情報化社会では、日頃から五感を磨いて、正確な情報をいち早くキャッチしないと情報の渦に押し流されそうになる。しかし、毎日、五感をフル回転して研ぎ澄ましているばかりでは疲れる。そこで、それぞれの機能を上手く休ませながら、使い分けることが大切である。そうして育つ集中力が社会を生き抜く力となる。

大きく眺めて小さく見る

現在の天気予報は、ほとんどが気象衛星からの情報がもとになっているようだ。われわれが住んでいる地域の天気予報も、世界的な規模での気候、雲の流れや気温などの状況から予報を出している。地球的規模の大きな視点から見ないと狭い地域の予報は難しいという。

このように、衛星からの画像に依存しながら天気を予想するようになったために、天気予報士の予報能力が落ちているという指摘もある。かつては、夕方の空の色や雲、風向きまでも肌で感じながら、明日、雨になるか晴れるか、おおよその予想をしてきた。人の感覚だけに頼っていては外れることもあり、大事な予報も出しにくいが。

漁師もまた、感性が鈍くなったという。その日の朝の風向きで漁に出るか、出航するかを判断した。ところが、予報士と同じように、衛星からの情報が伝えられ、魚の群れまで探知できるようになると、漁師の勘よりも、衛星からの情報に頼らざるを得なくなったのである。

また、われわれの日常生活においても同じである。カーナビのなかった時には、どこを曲がればどの道と繋がっていたか、その都度、頭の中のおおまかな地図を頼りに運転してきた。地図帳と睨めっこで間違うことも多かったが、頭に蓄積される情報は多くなり、車を運転している実感があった。今は、私の車にもカーナビが付いているが、最初は自分の方が地図をよく知っているという自負から、ナビを信用せずに、指示とは違う道を選択し、あえて反発してみたが無駄も多かった。知らず知らずのうちに、ナビに依存している。確かにナビは便利であり、指示どおりに行けば目的地に着けるが、出発地からの一本道のルートしか見えていないことになる。オートマとナビで運転の楽しみも減った。

そうそう、われわれも若い頃は研究に没頭した。先生や先輩から、そんな重箱の隅をつついていても何も見えないと言われ続けてきた。それでも必死になって研究し、議論していた。そして、なぜか年とともに、専門領域から外れてもっと広い視点からみると、自分自身の研究に対する見方がずいぶん、変わってきたことを実感できる。

よく、理系の研究者は研究を重ねるにつれて教育に関心を持つとも聞く。たぶん、専門の領域を追い続けるほど、狭い世界に入り込む。一方で、広い視野からのものの見方が求められる。そして行き着く先が教育の世界であるかも知れない。しかも後輩を育てる宿命にある。

われわれがものを見るとき、どうしても目の前にあるものに惹かれ、近視眼的に見てしまい、大事なものを見落としてしまうことはよくある。日頃から、大きく、鳥瞰的な視野でものを見る癖をつけておくことが大事である。

最近、世紀の大発見と騒がれたＳＴＡＰ細胞をめぐる顛末を見ていると、どこか全体的な視野からの観点が欠けていたのではないかと勝手に想像している。

見える力と見えない力

「教育とは学校で習ったすべてを忘れた後に残るもの」というアインシュタインの有名な話がある。

生徒たちは、入学試験に向けて脇目もふらずに勉強している。とにかく大学入試を突破するためには、多岐にわたる知識が必要である。国語だけでも、現代文、古文、漢文等々、さまざまな領域を学ぶし、歴史にしても古代から現代まで広い。また、難しい計算式や分数計算を学び、歴史の年号や化学の記号にしても、日常生活ではお目にかかれない細かいことまで覚える。そうしなければ、高校や大学に合格しない。選抜するための入試である限り、昔と今では、出題の傾向は大きくは変わっていないだろうが、よくもこんな細かいことまで覚えなければいけないのかとも思う。

そして、あれだけエネルギーを使って知識を蓄えながらも、学校を終える頃にはほとんど残っていないし、社会生活に役立っているという実感をもっている人も少ない。このように、入試テクニックを駆使してトップクラスで入学しても、世界で活躍できる人材が育っていないなどの反省から、ゆとり教育が導入された。総合的な学習時間が創設され、見えない学力の育成を目指した。小学校の時から自ら考え、判断し、行動する力を育て、大学を卒業すればグローバルな人材へと大きく育っていくはずであった。しかしながら、ゆとり教育が期待した成果が上げられなかったようだ。それは見える学力に限ったものであり、見えない学力を含めて、もっと長期的な視点から評価されるべきではある。

ただし、学校で習った公式などは忘れても、何かを学んでいるはずである。それが見えない力であり、社会で生きる力となっている。そのような力を入試で測ることができれば、入試のあり方が大きく変わるが、今は選ばなければ大学に入れる時代である。そのために、見えない学力どころか、見える学力である基礎力の低下も著しい。大学生でも分数ができないなどで話題になった。学力は、基礎学力と応用的な学力と区別され、読み、書き、計算のようなものは基礎的なもので、よく見える。実はこの基礎的な学習内容が実際の社会で役立つものであり、この見える学力がしっかり育たないと、見えない学力である応用力は育たない。

アインシュタインのような天才が考えることは異次元な世界かも知れないが、何となく理解できることもある。本を読んだり、辞書を引いたりすることによって目に見えて知識量が増えた感じはしないが、何かを学んでいると思われる。

これまで先生や親は、子どもには将来のために役立つから勉強しなさいと励ましてきたが、どこまで確信をもって言えたかはわからない。ただ、将来どう役立つのかの具体的なことは返答できないが、学んで損はないということは言える。果たして、子どもに「学んで損はない」が理解できるか不安ではある。

第3章　社会を生きる

先が見えなければ我慢できない

かつてテレビで、「細腕繁盛記」や「おしん」、「水戸黄門」のような番組が人気だったころがあった。理不尽な仕打ちに耐え、苦労しながらもドンデン返しの末、ハッピーエンドを迎える話は、観る人の心をとらえた。

後でよいことやすばらしいことが待っているからこそ、人は耐えられ、安心してテレビに釘付けになる。ハッピーエンドでなければ、誰もテレビなど観ないだろう。ましてや、時代の変化が激しく、時間の流れが速い世界で生きている現代人が、じっくり腰を据えて、将来に望みをつないでじっと待つことは苦しい。

われわれは欲求不満になっても、後でよいことが待っていれば我慢ができる。これが、フラストレーション・トレランス（欲求不満耐性）であり、待つ時間と満足度は比例する。後で得られる満足が大きければ大きいほど長く待てるし、満足が得られなければ長くは耐えられない。爆発する以外にない。

経済的な豊かさとともに、宝くじの当選金額もますますエスカレートしていく。もし、今のままの金額を維持しようとすると、発売から当選決定までの期間を短くする以外にない。高額になればなるほど決定を先に延ばせる。反対に、賞金を上げなければ、当選までの期間を短くして次から次へと新しい企画をしないと、やがては消滅の憂き目に遭う。

一九七〇年代の文部省が実施した青少年の意識調査では、「金持ちになる」「社会のためになる」「猛烈なサラリーマンになる」という、将来への夢をもった暮らしのイメージは減り、「趣味にあったくらしをする」と「くよくよしないでのんきにくらす」と回答した若者の割合が、合わせて七〇パーセントにもなったという。将来より、今を楽しく生きたいという意識が、バブル期の前にはもう目立ち始めており、現代にも引き継がれている。

近年では、残業してお金を手に入れるより自分の時間がほしい、少々、時給が高くても、休暇がとれない、いわゆるブラック企業などを避ける傾向がみられる。部下を会社帰りに飲みに誘っても、家庭があるから、友だちが待っているからと言って断ると嘆いていた、ある会社の知人を思い出した。上司より気楽な友だち関係を重視したほうが楽しい毎日を送れるのだろう。

年金問題も先の見通しがないし、老後の不安だけが先立つ。十年、二十年先まで生活を保障してくれなければ、今、満足できること、手に入るものは早く入手しようとする短絡的な心理が働くのは自然である。

多くの大人たちは、今の子どもは我慢強くないというが、周りの大人がキレやすくなったからでもある。キレた挙げ句の果てに、事件を起こす大人を毎日のように見ていて、子どもだけに我慢強くなれといっても説得力はない。子どもは社会を映す鏡である。

さらに広がる格差とどう付き合うか

経済格差が希望格差を生む

経済が右上がりの時代から、大きく激変する時代にどう生きるか悩む。一発逆転を狙って勝負するか、実力の範囲内で堅実に生きるかの大きな決断をしなければならないこともある。ただ自分の背丈を知らないと、大ケガをする時代でもある。

パソコンを活用すれば、あらゆる情報がキャッチできる現代では、いかに情報を上手く使うかが人生の分かれ道となる。学生がネット上での株の売買で何億円も儲けたということは、その日のうちにネットに流れる。それを見た何千、何万人の人が微かな夢をもって挑戦する。しかし、夢破れた人たちのことはニュースにもならない。

最近、かつての高度成長期のようではないが、景気もよくなり懐も豊かになった人もいる。しかし、日常生活では十人中九人までが、教育、経済などのあらゆる面で格差を感じているし、もてる者（勝ち組）ともてない者（負け組）の差がますます広がっているという。かつて一億総中流社会といわれ、日本人のほとんどが中流意識を持って豊かな生活を享受してきた。ところがバブルが弾け、経済的にも精神的にも豊かさを感じなくなった。金利は限りなくゼロパーセントに近いし、年金の不安もあり、ますます細くなる収入で先が見えない。経済的にも社会の支えがなくなり、自己責任の時代になると、ますます下層化現象が起きる。バブル期に、ある程度の年収のあったサラリーマンが下流老人となるケースが増えているというニュースが巷に流れている。

今から三十年近くも前の一九八七年の世論調査（日経）によると、中流意識をもっているのが七五パーセント、下流意識が二〇パーセントであったのが、その後、中流が五四パーセントに減り、下流が三七パーセントに増えているという。不景気の時には、中流はもっと減り、現在に至っている。とにかく経済力が親だけでなく、子どもの夢を左右するし、子どもの貧困が社会問題化している。人生の出発点からハンディを背負い、そのハンディを克服する前に諦めが先立ち、夢や意欲を持つことができない時代でもある。

経済的な下層も苦しいが、精神的な下層意識の方がもっと悲しい。将来に対する望みがなくなれば、生きる力も削がれるからである。努力しても浮かばれなければ、誰だって努力はしない。社会全体が暗くなり、未来の希望が持てずに閉塞感だけが広がる。

経済格差が希望格差を生む。希望を失った人が積極的に社会の力になろうとは思わないし、人的、知的財産も蓄積されない。ますます社会の片隅に追いやられていく人々が増える。

かつては若者が将来の夢をなくして自殺した。今、生活苦で中高年の自殺者が増えている。ハンディをものともしない社会でなければ、若者や働き盛りの者にとって生きづらいが、将来の保障もない高齢者にはもっと生きづらい社会である。

子どもの六人に一人が貧困の環境にあると言われている今、格差の悪の連鎖はどこかで断ち切らねば。

教育格差

「教育平等崩壊の兆し」と言われるほど、いま教育格差が広がっている。金銭的事情が学力に反映していて、親の経済力が子どもの夢も左右する時代である。

だいぶ前になるが、ある調査によると、小学生の子どもの塾などにかける経費が、年平均七万円であるという。これも平均であって、地域や年齢によって相当の開きがあるし、今ではこれでは到底足りないと思われる。最近では、都会ではさらに私立校志向が強まり、塾や家庭教師にかける経費は半端ではない。親の月給の半分が教育費に化ける家庭もめずらしくないという。将来の勝ち組になるために、子どもに教育を受けさせる親の気持ちの表れである。

二〇〇五年度の調査によると、小学校以上の学校に通う子ども一人にかかる費用は年収九九〇万円以下の世帯で平均三五パーセント、年収二〇〇万円以上四〇〇万円未満の世帯では、五七パーセントにもなるという。野村證券が家計中の子育て費の割合を「エンジェル係数」として発表しているが、二八パーセントになるという。近年は、とにかく大学まで進学させてやりたいという親の気持ちもあり、さらに割合も増えている。二〇一四年の報道によると、教育費が家計の四〇パーセントにのぼるという データもある。生活費を切り詰めても、教育費に回す親の心情もわからぬでもないが。「公立は学校なのか」(「AERA」二〇〇六年四月三日)という記事で、学校の私立化がさらに進んでいるのをうかがい知ることができる。ますます教育費がかかり、格差ももっと広がる。

ある私立中学校の合格発表の日、合格した子どもたちがVサインを出して、勝ち組と騒いでいた。その年齢で、勝ち組、負け組なんてありえないと思うが、本人たちは大まじめである。

それほど親は教育費をかけて一生懸命になるのに、二〇一二年の国際学力調査によると、他国と比べ、日本の保護者は子どもの勉強ぶりに関心が薄いのには驚かされる。

今のような入試制度では試験のテクニックに長けた人が合格しやすいが、その人が社会のために仕事ができ、よき社会のリーダーになりうるだろうか。入試に勝ち残って、一流の学校を出ても一流の人になるとは限らない。難関の中・高・東大に入学したAさん(二十歳)、周りも当然のように東大と思っていたし、睡眠時間を減らしてまで勉強しなかったが、見事に現役で入学した。ほっとしたが、東大合格という目標が消えた。その後、「努力するってどうすればいいんやろう?」と自分が本気になれるものは何か、と自分さがしが始まる(「朝日新聞」二〇一六年一月五日)。将来の夢の達成のための一里塚であるべき大学入学が、最終目標となって、また一からのスタートになる。いったい、彼はどこに向かいたいのだろうか。

見かけ上の一流の人を多く傑出しても、社会を支えるだけの力にはなり得ない。大学もAO入試や推薦入試で一芸に秀でた人、多方面で活躍できる人材を望んでいるが、入学後、多様な才能が発揮できるほど、特色あるカリキュラムが組まれていないのが現状である。

四当五落(四時間の睡眠で合格、五時間で不合格)といって、二〇パーセント以下しか大学に行けなかった時代から、高望みしなければ入学できるようになった。今後、さらに大学を目指す学生が増加し、全入学時代が来るかも知れない。ただ、経済的な基盤が立ちはだかり、大学に行かせられない家庭もある。国立大学法人の授業料が、十五年先には、今の一・五倍に上がるという試算が報道されたし、奨学金の返済で苦しむ人も多くいる。

全入学時代になっても、競争はますます激化するし、学校間格差は大きくなる。初めは小さな格差が、生涯にわたって雪だるま式に大きくなる。社会で落ちこぼれた若者の行き先はどこにあるのだろうか。

ある議員が、テレビ番組で、「神様がつくってしまった才能の違いを全部まとめて平等に扱うのは無理」「飛び抜けてできる人を社会全体で大切にしたほうが、われわれ平均的な人間は得するのではないか」と述べていた。確かに一握りではあるが、生まれつき才能があって、万人も認めるような人はいる。しかし、才能は神様が造ったと誰が言い切れるだろうか。飛び抜けてできる人を大切にして、どうして平均的な人間が得をするのか、皆目理解できないし、そんな感覚で政治をおこなってもらっても迷惑千万である。

幾層にもなす価値観

時の流れがゆったりとしていた時代には、幾世代にもわたって同じ価値観が保たれてきた。たとえば江戸時代は家や親の価値観が崩れにくく、親から子へ、また孫へと引き継がれ、何世代にもわたって同じ価値観を土台に生きることができた。また「今どきの若者は」という愚痴は、有史以来、脈々とリレーされてきた。

しかし、今、時代の変化は激しい。世代ごとに培われる価値観が異なり、それが幾層にも重なるバームクーヘン構造になっている。しかも世代間の相互の壁も厚く、風通しも悪く、価値観が共有されなくなった。こうなると、価値観が世代を超えて、ますます伝わりにくくなっていく。

父から子、子から孫へと父親の権威が守られてきた江戸時代と比較しても、今の父親の権威はかなり失墜した（木原武一）。とくに明治以降、時代の流れが速く、親が自分の生きてきた時代の価値観や生き様を、身を持って子どもに語れなくなったようだ。「俺たちの若い頃は…」と切り出すと、子どもからは「時代が違う」と一蹴される。親としては何とも寂しい気持ちになるが、今あるのはやさしいお父さんの姿である。やさしさだけでは子どもは納得できない。

近年、外国人看護師をほしがっている病院が全国で半数にものぼるという。バブル以降、仕事が厳しいために、若い人が医師や看護師になりたがらない日本人が増えたことによるようだ。自分たちが育てた子どもたちに看護も受けられないのは寂しいと嘆く人もいる。グローバル化が進み、外国人であっても看護が受けられれば幸せであるが、同じ社会で育つことによる意思伝達の安心感は拭えないのだろう。

一時期、「〇〇の品格」というタイトルの本が話題となった。確かに、品格は時代によりその内容や重みは異なるが、品格という言葉に多くの人が頷くのは、根底に流れている価値観は世代を超えて共有できると信じているからである。しかしながら、世代間が断絶すれば、時代を超えて引き継がれる品格はなくなる。長年にわたって培ってきた生き方を、自分たちで新たにつくらなければならないとしたら大変なことであり、その労を厭わないと申し出る人はまずいなくなる。

「もったいない」は死語と思っていたが、外国のノーベル賞受賞者のおかげで、今や世界語となった。「品格」も死語になってしまうのではという心配もあるが、いつの時代にも世代間を越えてわれわれの心の底に流れている文化や価値もあり、いつか品格も蘇る運命にあると信じる。

グローバル化で外国の文化に触れたり、外国人との交流する機会が増えた。そこで大切なのは、日本人が過去から引きついできた日本らしさを最大限に発揮することである。それが世界で勝ち抜く最大の武器になると思われる。

マルチタスク時代の神経回路

われわれは小さい頃から、右手による教育、すなわち、自分の得意なことを見つけ、脇目も振らず問題解決していけば、いつか芽も出て、みんなからも認められると信じてきた。しかも、途中で諦めると叱責された。最後までやり遂げるのが、日本人の心意気であると躾けられてきた。

今、粘り強く取り組む、最後まで諦めない姿勢はまだ重要視されていると思われるが、最近の情報化社会では、この潮流が少しずつ変わってきているようだ。情報が多様化する中で、複数の神経回路を張り巡らして、次から次へと新しい情報に晒され、幾つもの課題を解決することが求められる。一つのことにこだわっていると時代の流れに取り残されてしまう不安が付きまとう。

じっくり納得するまでがんばれないと注意散漫になり、人間の知力が低下すると警告した研究者もいる。人は自分の処理能力を超えた情報に振り回されると、気が散ったり、イライラしたり、衝動的になったり、落ち着きを失ったりするという。こうなると、情報過多による知力の低下より、精神的なパニックや情緒の不安定のほうがはるかに心配の種である。

かつては機器を使いこなしてきた人間が、今や進化の著しい機器に使われ、生かされている時代となった。機器の奴隷になり下がったと皮肉る人もいる。

近年、将棋界でもプロがコンピュータに負けることもある。あらゆる組み合わせを瞬時に指し、疲れを知らないコンピュータと、その時の閃きや直感によって勝負し、疲れると悪手も出す人間とは世界が違う。将棋も悪手を出す者同士が戦うからおもしろく、スリリングがある。計算づくのコンピュータ同士が戦う姿は見たくもない。

アメリカの教育学者のブルーナが左手の教育、すなわち、右脳による直感の働きを重視する教育を唱えた。しかし、この直感は、これまでの豊富な体験や知識をもとに、人が頭の中のあらゆる回路を駆使して生み出されるものである。しかも、このような直感力は、単に情報を機械的に組み合わせるだけのコンピュータにはできない。人と会話し、自ら判断して動いているように思えるようなロボットが出現し、人に代わって仕事や介護など人の世話を任せることも始まったが、人間のような情緒をもって、冗長的、直感的な働きはまだまだできない。

人工知能の研究が日・米共同で始まるニュースを見た。これからの社会は情報化がもっと進む。この先十年くらいで、人間のする仕事の四割以上を人工知能のロボットがする時代が来るとの予測がある。この流れの中で、人が人らしく生きるには、自らが主体性を持って、直観や知力を働かせて何か新しいものを創造すること、さらに、大きくネットワークの網を張り、必要な情報のみを活用し、必要がなくなれば捨てるという柔軟性や情報の断舎利が必要かなとも思う。

心の隙間に入り込むサイト

社会を構成する人たちが、お互いに自分の役割をしっかり果たし、協働していることで社会の秩序は維持できる。しかし、それぞれの相手の顔が見えなくなったらどうなるだろうか。

人は誰かと一緒にいたい、話したい気持ちを持っている。しかし、友だちも少ないし、寂しい。その心の寂しさを晴らしたい気持ちが一瞬の心の隙間をつくり、そこに見も知らぬ他人が入り込んでくる。今ではメールなどで、お互いに相手の顔を見ることなく世界中の人たちと情報を交換できる。ともすれば、相手のことについて何も知らないで自分をさらけ出したり、ネットに書かれていることを信じてしまったりする。

サイトで自殺を募っているのを見て、見も知らぬ相手と自殺してしまう人もいるかと思えば、ブログに映っている女の子の服装が気に食わぬからといって、その子に乱暴した者、前の日にネットで知り合った人と盗みを働いたというニュースも目にする。知らず知らずのうちに事件に巻き込み、巻き込まれていることもある。

ブログに平気で自分をさらけ出す者が多いが、はたして、ブログなどに書き込む自分は本当の自分と思っているのだろうか。それとも、それは仮の姿で、単に情報を流しているだけと割り切っているのだろうか。恐ろしいもので、そう割り切っていても、いつの間にか自分とメールの中の自分が一体化しているのかも知れない。だから、本人も気がつかないうちに、もう一人の自分が世界のどこかをさ迷っているのである。

現実と仮想の世界を行ったり来たりしながら、それぞれの世界で自分自身を演じているうちに、ネットの世界にいる自分も本当の自分と錯覚してしまうのであろう。そして、いつの間にか現実の世界では仮面をかぶっていることさえ気づかず、本当の自分を置き忘れてきているのである。こうして現実と仮想の中で演じ続けることに疲れた人たちは、どこかでその仮面をとりたいと思っている。気持ちの安らぎがほしいのである。

誰でもいいから殺したいといって知り合いの女性を殺した女子大学生や、「通行人を殺そうと思ったが逃げられると思い身内にした」という理由で祖父母を殺した高校生などは、はたしてどちらの世界にいるのだろうか。ブログの世界ではなく、顔を合わせて、誰かが閉ざされた心の扉を開いてあげれば、現実の自分に戻り、普段の生活を送っていけるものと思われる。

確かに経済的にも豊かになり、どんな情報も瞬時に手に入り、あたかも毎日が満たされていると感じている人は多いと思うが、本当にあなたの心は満足していますかと問われて、満足していますと自信を持って答えられる人は何人いるのだろうか。何か満たされない、どこかに不満があると、その心の隙間を狙って、サイトからの誘いが入り込んでくる。あなたの心の隙を狙っている人は何万といる。

日常生活にまでゲームの世界

子どもたちが公園で、ゲームに夢中になっている姿をよく目にするし、電車に乗ってもゲームを片時も離さない。ある日の午後、公園で元気に遊んでいる子どもたち。そろそろ家に帰る時間になった頃、「ゲームオーバー」という子どもたちの声が耳に入ってきた。その声で、一斉に退散である。子どもたちの屋外での遊びが、まさにスマホの中のゲームと重なっていたのである。このように、日常生活の隅々までゲーム感覚がしみ込んでいるのかと、一瞬、ドキッとした。背筋の寒くなる光景であった。

今の若い人は、子どもの頃からパソコンを自由に使いこなす。Delete のキーを押せば、ちゃんと消してくれる。キーは嘘をつかない。すべてのキーがわれわれの命令通りに動くことを知る。こうした経験を積み重ねながら、子どもたちは大人へと成長する。

このように、情報化の渦の中で生きている現代人は、コンピュータを器用に使いこなせるのに、人とのふれあいになると苦労する。会社では係長に昇進した途端に辞める人もいるようだ。上司になって初めて部下ができる。ところが、部下に仕事を頼んでも思う通りにいかない、指示に従ってくれないことも経験する。そこで、人はコンピュータと違い、自分の指示通りに動かないことを知り、悩む。Delete はすべてを消してくれるが、一旦口にしたことはなかなか消えない。あの時こう言ったねと、いつまでもチクチクされる始末である。

言葉はファジーであり、言い方ひとつで、相手には違ったように受けとられる。キーのように単純ではない。ファジーな人間関係には、ファジーな言葉で対応するしかないが、ゲーム感覚で育ってきた人が、曖昧模糊とした現実の社会を乗り越えられなくて悩む人が増えたのも事実である。若い頃からコンピュータに慣れ親しんできた人ほど悩みは深いともいう。

とにかく、人とのふれ合いに苦労し、部下の扱いに悩む人、社会に出てまもなく職場を辞める人、同期に入社した人と競ったり協力することに疲れる人が多くいるが、いずれも、人とのコミュニケーション能力が基本的に欠如している点では共通している。コミュニケーション能力は、幼い頃からの家庭や地域、学校でさまざまな人と出会い、語りあいながらできるものであるが、少子化時代に生まれた今の若い人は、お互いが一人ひとりの世界に生きており、心を通じ合える人が少なく、人とのつながりが弱くなっている。

これからますます社会がグローバル化し、テクノロジーの世界になるが、基本は人と人とのつながりで生きて行かなければならない。世界中の人たちと交信し、人の輪が広がるし、名も知らない人とも交流しながら、多くの人とのコミュニケーションが必要となる。

しかし、ゲームの中で仮想の人としかふれあうことができなくなっては寂しい限りである。

ストレス時代を生きる

本屋には、一週間で英会話が上達する、一カ月でゴルフが上達するなどの本が多く並ぶ。多くの人がこの種の本を一度は手にとったと思う。

ある女性が三カ月で痩せる本を買い、本格的な実践に入った。さて三カ月後、思ったほど痩せなかった。というより、ほとんど痩せなかった。

ところが、その女性のご主人が奥さんに、最近、ベルトも緩み、食欲がない、ひょっとすると病気かも知れないと告げた。それを聞いた奥さん、はっと思った。奥さんは、ダイエットのために運動のみならず食事にも気をつけて、極力栄養価をコントロールした。当然、その食事をご主人も食べていた。ところが、ダイエットの効果が現れたのはご主人の方だったのである。ご主人は、特別に努力したわけではないのに、ものの見事に三カ月で痩せた。

それでは、なぜご主人が見事に痩せ、奥さんが痩せなかったか。奥さんは、痩せなければという一心でダイエットと取り組んだ。そのプレッシャーは相当なものであった。ところが、ご主人は奥さんが料理した食事を素直に食べた。そして痩せた。ご主人にストレスがなかったことが功を奏したのである。

不規則であったり無理な生活をしてストレスが溜まると、新陳代謝がうまくいかず、太ることもあるようだ。われわれには自分に合った自然な体のリズムがあり、ストレスなどでリズムが壊れると体の循環的な再生機能が失われるという。リズムがしっかりしていれば、食べる量も安定し、消化も上手くいく。

今、社会が急激に変化し、自分のペースでマイライフをエンジョイするのは並大抵のことではできない。テレビでも消費行動を煽り、買わないと時代遅れになる不安を急き立てている。それに煽られることなく生きるには相当の勇気がいる。

ストレスを感じたとき、いかに自分なりに上手くストレスを受け止めて対処するかの方法がストレスコーピングと呼ばれている。衝動買いといってストレスを発散し、すっきりする、掃除をしてさっぱりするのもその方法の一つである。一人で衝動買いしても誰にも迷惑は掛からないが、ストレスを他人にぶつける人もいる。ぶつけられた人は迷惑である。

今、ストレスの多い日常生活に潤いや癒しがほしいために、ペットを飼う人が増えている。飼い主がペットの気持ちを知りたいために、占い師に相談するという。ペットが尾を振って近づいてきたら、よしよしと声をかけて頭を撫でてあげる。それで十分にコミュニケーションは取れており、癒されるのに、それ以上の何を期待するのだろうか。もっとペットの気持ちが知りたいのはよくわかるが、ますますストレスをため込んでいるとしか思えない。

社会でたくましく生きる力

われわれは社会の中で、いろいろな人とふれあいながら、集団の中で生きていかなければならないが、個性も失いたくない。

　自分の好きなことになると、時間も忘れて取り組むタイプの人がいる。次の仕事に移らなければならないのに、止める気配はない。また、みんなが傍に居てもお構いなしに自分のペースで、我が道を行く人もいる。このタイプは、一見、個性的で、自分流にたくましく生きている感じはする。しかし、社会的な存在である人間として、しっかり生きているかといえば、疑問符がつく。

　個性化と社会化、この二つを上手くこなす能力が社会でたくましく生きる力である。あまりにも個性を強調し過ぎれば、他人と衝突し、集団から浮いてしまう。社会生活も難しくなる。反対に、集団での協調を重視すれば、できる限りみんなと調子を合わせるしかない。いずれも、社会化と個性化のさじ加減に苦労するが、社会生活をしている以上、集団の中で個性を発揮するしかないが、これが一番むずかしい。高校生の服装、若者のファッションやスーツ姿の就活生もみんな同じような格好であり、その中で少しだけ工夫し、自分らしさを出そうとしている。ところが、個性を出したつもりが、気がついてみれば仲間と変わらないということも多い。

一時期、自分の置かれている状況や周りの雰囲気が読めずに、浮いている人たちをＫＹと呼んだ。状況がつかめなければ社会に適応できない。一方で、周りの空気を読み過ぎる人たちもいる。今の若い人たちは、大人が思うほど、図太くはないし、案外、周りに気を使っている。集団行動していても、自分のすることが仲間にどう受け取られているかを読み過ぎて、自分を押し殺してしまう。一人になった時に疲れがどっと出ると告白してくれた学生がいる。空気が読めるが、読み過ぎる（ＫＹに対してＫＲとでも呼んでおく）人も多く、とにかく一人になりたいらしい。自分の居場所探しに悩んでいる。

そんな時勢を反映してか、「ぼっち席」といって、テーブルの一部に仕切り板を設け、他人の視線を気にせずに、一人で食事ができるようにした大学も増えているようだ。トイレで一人昼食をとる便所飯という言葉も流行ったことがある。トイレではなく、ぼっち席でも学食にいけるならまだいいと言う人もいるが、何とも寂しい話である。

このように、周りの風を読んで生きるだけでも疲れる。いっそのこと、自分で積極的に発言し、行動して雰囲気をつくるくらいの気迫がほしいと思い、空気をつくるＫ

T（勝手に名づけたが）はどうだと学生に言ったこともある。キョトンとした学生の顔が浮かぶ。

女性の方が男性より社会的？

カルチャーセンターなどの講師を依頼されて出向くと、男性より女性の参加者の方が多い。また、定年を迎えた頃の年齢層の講演会でも圧倒的に女性が多い。ある講座で、「なぜ、女性のほうの参加者が多いのかわかりますか」という質問があった。突然の質問で戸惑った。

とくに会社勤めの男性にとっては会社関係の付き合いが多く、定年になってから趣味を始めたり、市民講座などに出て学んだりすることは少ないし、新たな人間関係もできにくい。一方、女性は、専業主婦でも家事などに追われながら、毎日が育児戦争であり、日々変わる子どもと接触する。また、学齢期になればＰＴＡのことで学校に出かけ、同じ年齢の子どもの母親とお話することもできる。その合間にランチで夕食や子どものことで話題になり、バーゲンの情報を得れば、多少遠方でも出かける。毎日の生活が、朝から晩まで変化の連続であり、このような変化は男性には少ない。

また、付き合いの範囲や付き合い方が男女で異なるようだ。女性は年齢を問わず、女性同士で旅行や食事会に出かけたりするが、男性にはその傾向は薄い。とくにサラリーマンの中年の男性は仕事に追われ、旅行に出かける時間や仲間も機会も少ない。ゴルフや飲み仲間はいるだろうが。

ある計画で仕事を進めているときに、その仕事がうまく捗らなくなったらどうするかについて、男女の行動を比較したものがある。男性は、いったん出発点に戻って考え直すが、女性はそのまま別のルートに変更して進むというような内容であった。どこまで実証的に検証された内容であるか定かではなく、一般化できるかははなはだ疑問ではある。道に迷ってわからなくなった時、周りの人に聞けばいいのに、自分で探そうと必死になる男性の姿も見られる。

そうそう、ケンカになるから夫婦での買い物を嫌がる人もいる。男女で、買い物の仕方や金銭感覚が異なるようである。男性は、買いたい物を買い物かごに入れる。しかし、それはもう買い置きがあるといって戻す女性もいる。さあ、二人の間に険悪な雰囲気が流れる。男性は、今、買いたいものに手が出るが、女性は、家にあるかないか、もっと別のものがあるかないか、いろいろ見て回る（「見るだけよ」は女性の信用できない〔?〕言葉の一つであると言った人もいるようだ）。それに付き合う男性の顔は想像できる。

一般的には、女性の買い物の方が日常生活に密着していて、「毎日の金銭のやり繰りに苦労しているからよ」という女性の声が聞こえてくる。確かに、毎月、食事にいくらかかるかを知っている男性は少ないし、割引の品物を探して買い物する人も少ない。

競争を嫌がる若者

かつて、兄弟・姉妹が多かった時代には、玩具やお小遣い、お土産までも取り合いであった。子どもの時から競争という中でたくましく育ってきた。

ところが、今の子どもは、少子化の影響のために兄弟で競う必要もない。すべてが自分の思い通りに育ってきた子どもが、ある時から急に勉強や受験という競争に直面すれば戸惑うのは当然であり、自信をなくすのもうなずける。競争に勝ち残れなかった子どもたちが求める先は諦めしかなくなる。「負け組」の意識を持った子たちが、学校や家庭で楽しい思いをするだろうか。夢を失い、楽しさを失えば、ますます社会の枠組みから外れ、「負け組」になりかねない。この悪循環のスパイラルから抜け出すのは容易ではない。

ある時期から、新任社員ですぐやめる者が増えたといわれた。これが教員や公務員社会でもあるという。理由を聞くと、同輩と上手くいかない、子どもや人とふれあえない等々である。仲間へのライバル意識も薄く、避けてしまうのである。

ある年に、新任社員を、日本生産性本部は「カーリング型」と名づけたようだ。スポーツの「カーリング」になぞらえて、前進する道を誰かがきれいに掃き清めないと先に進めないことを表現しているようだが、行き先を誰かに掃いてもらわないと進めないでは困る。そこまでくると、甘えるなと叫びたくなるが、小さい頃から大事に育てられた子どもたちは、やさしさは当たり前と受け取っている。

本来、若者は荒野を行く、と言われるほど、若い人は冒険心も意欲も持っており、挑戦する気持ちは強い。ところが、OECDなどの調査によっても、意欲の低下や将来志向が弱いなどの若者が増加していること、自信の持てない者が諸外国に比して多い結果が報告されている。夢をもって大学まで進学し、それ相応の能力を身に付けて卒業した者が、働く気が起きないということで、すぐ辞めてしまうのはもったいない。若者たちは、将来の夢はあるが実現できる望みがない、チャンスがない、と嘆く。ニートになるのは単に機会がないからだと、ある若手の国会議員が委員会で述べたという。本当に働く機会がないのか、若者の甘えとみるかを真剣に考えないと、社会はもっとおかしくなる。

同僚もいない、先輩だけの所で適応している者もいるようだ。そこでは同僚と競うこともなく、また周りから後輩としてやさしくしてもらえるので安心できるという。甘えるなと言いたい人もいるだろうが、自分の居場所が見つかったことは幸せではある。

このように、やさしく、頼りなさそうな若い男性を草食系と呼んでいる。草食系でもいいんじゃない、とエールを送る人もいる。確かに、男性は競争し、戦う肉食系のイメージが付きまとってきたが、戦国時代でもあるまいし、いつも男性が肉食系であることはない。ライオンはメスが狩りをする。肉食系は獲物がないと生きていけないし、獲物探しに奔走しなければならない。一方、草食系は、草のある所ならどこでも生きられるし、群れをつくるが、仲間と戦う必要はない。しなやかに強く生きられる。

ニートやフリーターの増加を危惧し、若者は意欲がない、気力がないと非難するのは容易いが、それも現代の社会では一つの生きる道かも知れない。

相田みつおに、「道」という詩がある。

道はじぶんでつくる
道は自分でひらく
人のつくったものは　じぶんの道にはならない

グローバル化社会を生きる

日本のグローバル化が叫ばれ、海外で活躍する人材の育成が課題となっている昨今、折しも円安で海外からの観光客の増大によって、爆買いという言葉が流行っている。

少し前に京都に所用で出かけ、市バスに乗ったが、車内は外国語（この時は中国語）で溢れていた。日本語が恋しくなり、日本人が乗っていないか探すほどであった。

円高が続いていた当時は海外に会社を移す企業も多く、日本人が世界中に出かけて活躍していた。私もアメリカ滞在中、現地の小学校のクラスでは日本語が行き交ってばかりと嘆く話を聞くほど、日本人が多かった。日本語も英語もままならないうちに帰国しても、海外帰国子女（子弟）として幅をきかせた時代でもあった。修得した外国語を活用し、商社などで日本と海外を行き来して働く人も多くいた。

かつて、冷戦時代でもアメリカとロシア（旧ソビエト時代）の間で、毎年、千人規模で高校生レベルの交流があったという。若者が成長したあと、若い頃の相互交流が将来役立つという考えがそこにはあったと聞いている。

また、日本でも東南アジアからの若者を受け入れることが国策として積極的におこなわれたし、ブラジルなどからの海外児童・生徒を積極的に受け入れ、三分の一近くが外国人の子どもである小学校もあった。今よりよほどグローバルな時代でもあった。

このような、海外からの子どもや若者の受け入れは、将来を見越してのことである。若者が日本で学び、帰国して活躍し、日本を広く紹介してもらうことが日本にとってもプラスとなる。そのためには留学してくる若者が、日本でよい体験をすることが重要である。しかし、残念ながら、ある時期から日本より欧米への留学が増え、日本にくる若者が減った。それがグローバル化にブレーキをかけた。

近年、学生や若者が海外に積極的に出かけ、世界を見聞きすることは少なくなったようだ。最近では、アメリカ留学が減り、中国留学が増えているという記事があった。日本がアジアにあり、アジアの国々に目を向けることも大切であるが、文化、社会が違う欧米からも学ぶべきものも多い。アジアを含めた世界的な規模からのグローバル化が大切であると思われる。

今、われわれは、街を歩いていても外国人と会わない日はないくらいであるが、多くは観光客である。観光客と交じって生活すれば、グローバル化が進むかといえば、首を捻らざるを得ない。いつだったか、学生を連れて京都へ研修旅行に出かけ、多くの外国人に出会った。早速、英語も習ってきたのだから話してこいと背中を押したが、躊躇する。拙い英語を使い、私が身振り手振りで話すことになった始末である。

小学校から英語を導入するだけでグローバル化は進まない。若者の目で海外を知ることが大事である。そのために、若者が海外で豊かな経験ができる環境づくりが欠かせない。

競争から平等へ

今、平等社会ですか、それとも競争社会ですかと問われれば、競争社会であると答える。以前は、学校の運動会での徒競走は、身長順に五～六人で走り、一、二等賞の旗の下で賞品を受け取る風景も普通に見られた。まさに、競争社会の現実が運動会にも縮図化されていたし、子どもも闘争心丸出しでがんばった。

ところが、学校教育や家庭でも、競争より、みんなと一緒にすることがよいというように教育環境が変化してきた。運動会で徒競走やリレーの内容が変わった。子どもの走る速さを予め計り、同じくらいの速さの子どもを一緒に走らせるのである。遅いことがみんなの前でわかると屈辱を感じ、コンプレックスを持たせるとの理由であったようだ。リレーにしても、足の速い子だけを選抜するのは差別（？）となり、各チームがほとんど同時にゴールできるような組み合わせをする配慮もされたという。

早く走れる子どもにとって運動会は屈辱の一日である。「等しく、尊重する」キャッチフレーズのもとに、平等が尊重されるようになった。教える教師の苦労も並大抵ではない。

また、小学校の学芸会でも、主役を一人に絞ると保護者からクレームが出るということで、複数の主役が勢ぞろいである。劇を楽しむどころか、顔見世である。学芸会も教育活動の一環であるのに、子どもたちはそこで何を得ていくのだろうか。

ましてや、学校の成績を廊下などに発表するのはもってのほかであるし、子どもたちの絵や習字の作品に一等賞、二等賞と決めるのも遠慮がちになった。

それでも、子どもを巡る社会は、明らかに競争社会である。中学校も相対評価から絶対評価となり、自分との競争になった。入試は競争であり、一歩社会に出れば競争以外、何ものでもない。運動会で、みんなの前で恥じをかく、ビリで走ることは涙が出るほど悔しい。そんな悲しい思いをさせたくないという大人の配慮が働きすぎ、平等主義が蔓延してきたが、小さい頃の失敗や悔しい思いはそれほど深い傷ではない。

その時の悔しさがバネになって活躍している人は山ほどいる。

結局、大人の仲間に入って初めて、本当の競争に出くわす。しかし、それまでの競争の経験のなさから、ちょっとしたつまずきで挫折してしまう。子どもへの配慮が、かえって競争に立ち向かう意欲をなくし、負け組というレッテルを張られてしまうのである。子どものためと思った親心が徒となる。成長してからの回復には相当の時間を要するし、それを背負うのは子ども自身である。

子どもは言う。こう育てたのは、あなたたち大人である。好きで競争を嫌ったわけではないと。

醜い競争や権力闘争の歪んだ大人の鏡に映る姿を見て、子どもに「ケンカせずに、仲良く生きなさい」と説得しても、馬の耳に念仏である。

第4章　人と生きる

顔の見えない人間関係を生きる

老若男女と問わず、町ではスマホ歩きが横行し、挨拶することなく通り過ぎていくことも多い。また電車に乗れば、一斉にスマホでメールやゲームに熱中する姿を目にするし、友だちや仲間がお茶を飲みながらも、お互いにスマホの画面に釘付けである。何のために一緒にいるのかわからない。とにかく、目に見えない電波が町や電車内に満ちあふれている。

会社では、朝出勤して、メールのチェックからその日の仕事が始まる。それが、今の情報化社会で生きている証でもある。ひょっとすると、一日中、誰とも会話することもなくパソコン画面と睨めっこで過ごすこともある。このような職場環境に疑問をもった会社が、課内でのメールのやりとりを止めたと聞く。話せば済むのにわざわざメールで、しかも人間関係がギクシャクしてしまうとの理由である。やはり、朝会う相手の顔や表情は、メールの内容以上の情報を与えてくれる。話せばわかるし、和むことも多い。

家庭でも、主婦が朝起きるとまずパソコンに向かい、メールをチェックする人が増えたという。今やインターネットであらゆる情報が手に入るし、便利になった社会であるとつくづく感心する。ただ、ネット上での人と人の関係は顔の見えない、透明人間同士の付き合いである。ブログ等への書き込みは不特定多数の見えない相手と、あたかも知り合いであるかのような会話が可能となるが、トラブルもつきものである。

確かに、手紙でのやりとりは面倒である。便箋と封筒を用意し、拝啓と書いたが、あとの文章が続かない。季節にも触れ、文章も長く、書き損じも生じる。そして、書き終えるまでに数日かかることもしばしばである。そして投函する。手紙が相手に届いたか、返事はいつになるかわからずに時間だけが過ぎる。

文化庁の「国語に関する世論調査」（２０１５年度）では、「手書きされたものや手書きが一言加えられたものがよい」とする人が九割近かったという。手書きは、書く人の心の温かみを感じる。

ところが、メールでは、まず時候の挨拶は抜きで本題に入る。文章も短絡的でストレートになる。しかも、ものの五分もたたないうちに返信がくる。単に情報交換ならこれで十分であるが、相手への配慮とか日常たわいもない内容は少ない。顔の見えない透明な相手とのやりとりは疲れる。

また、メールの文章は短絡的な表現であるために、結果として、相手を傷つけてしまうこともある。いじめの温床にもなっている。ハートマークを付ければ、やさしさを表しているつもりなのだろうが。

さらに、LINEによる連絡はメールよりもっと短絡的になり、句読点を使わないくらい短い文(?)となっている。句読点を使うと、受け取った方は相手が怒っている、機嫌が悪いとも勘違いするようだ。句読点の代わりに、絵文字をひんぱんに使う。文章でないと意志が伝わらない世代にとって、絵文字の意味を解釈するのに疲れる。

日本の女性と結婚した外国人が、日本の女性は強いという。それについて、ある日本女性いわく、結婚後、すぐに流暢な英語が話せず、単語や短い言葉になる。それが相手に強い印象を与えるのよ……。メールでの短絡的なやりとりを思い出した。

少し前から見れば、今の情報化社会は、想像を絶する世界である。技術革新の恩恵にあずかっていることに感謝したいが、人との付き合いに微妙な変化をもたらし、毎日の生活に大切な何かを置き忘れてきた感じがする。

仮面の人間関係

ある時、「心から相談できる友だちはどうしたらできますか」という質問を受けたことがある。いま友だちはいないのか聞いてみると、いると答える。なぜ質問に来たのか不思議に思うが、日頃、話している友だちも、心底から自分の気持ちを聞いてくれるのではないようだ。

あなたは、友だちは何人くらいいますか、と問うと、多くの人数を挙げるが、親友は、と聞くと、ぐっと減る。そこには、親友と友だちとの間には境界線があることがわかる。親友は心底、すべてを打ち明けられる友であり、打ち明けられないが付き合っているのが友だちである。いま付き合っている人がどちらに属するか判断に迷っている人も多い。

大学進学率が二〇パーセントくらいの時代には、学生ももっとのんびりしていて、麻雀などに精を出す者、クラブ活動や学生運動などに熱中する者、さまざまなタイプがいた。そこでは、親友も友だちも入り混じって多くの仲間ができたし、心底から話ができた。

ところが、いま大学進学率も五〇パーセントを超え、学生数も増え、しかもスマホ時代である。かつてのような同学年の仲間という意識は薄れ、LINEなどのSNSによる結びつきの方が強い。連絡事項はその日のうちに、ほとんど学年中に広がる(広がってほしくない場合もあるが)。見かけ上はグループに属しているが、親しい仲間への情報は別ルートで流れる。一人の学生には複数のLINEがあり、親友と友だちレベルで使い分けているようだ。一見、外から見ると、連絡しあって仲がいいように思えるが、そこは見かけ上の仲間関係も多い。

小・中学生でも、メル友が三桁の子どもたちもいる。しかし、日頃から連絡を取り合っている人は数えるくらいである。電話番号を登録していても、友だち関係でもなく、誰か、仲間がほしいだけの取りあえずの人間関係である。

こうした人間関係で育った人が成長して社会に出る。今、会社でも社員旅行に行くことを嫌がる若者や女性が多いようだ。社員旅行は会社内の人間関係を築いたり、所属意識を高めたりするためであるが、そのイメージが女性や若者と合わない。そうはいっても、毎日、会社でみんなと顔を合わせて会話もする。でも気にしない。その会社に尽くして、生涯働くという意識も薄いようだ。

そうそう、最近の結婚式は仲間内でやることが多く、会社の上司を招待することも少なくなったと聞く。たいした世話もしていないから当然かもと打ち明けてくれた上司もいた。体裁もあるから招待することもあるらしいが、今の若い人は割り切っている。結婚式のお祝いが大変であるという上司の気持ちがわかっていて招待しないなら、これまた、気配りはたいしたものと感心する。

心理学の実験によると、集団の大きさと人間関係は関連しているようだ。集団が大きくなればなるほど集団内の人間関係は薄れ、こぢんまりすればつながりは強くなる。大きな団地では、隣に住んでいる人すら誰だかわからないが、小さなアパートでは隣近所の人とはほとんどが顔見知りになり、会えば挨拶を交わすようになる。

大きな集団でとりあえずの人間関係で生きるか、小さな集団で密接なつながりで生きるか迷うが、あまり集団が小さすぎても息苦しい。

豊かさと人間関係

ある時、東北地方の日本ザルについてのニュースがあった。かつて、野山に食物が豊富で、競って取り合いになることがない豊かな環境では、サルも単独で行動し、好きな所で好きなものを食べていたという。

ところが、サルの住める環境が悪化し、餌が少なくなった。そこで、餌を確保し、サル同士でいざこざが起こらないように集団を形成するようになったという。集団で動けば、その集団を維持し統制するために、ボスを中心にしたヒエラルキーができる。そして餌を分かち合うことによって集団としての統率を保ち、生き延びる術を得ていった。そうしないと生きていけなくなったのである。

われわれ人間も、物が不足して食糧も十分ではなかった時代には、地域社会をつくり、冠婚葬祭でもお互いに協力し合い、隣近所で助け合ってきた。また、子どもが、夜になって突然、明日学校に持っていくものがないと叫べば、隣に借りにいった経験も多くある。地域の集団ができると、そこに社会的な規範が生まれ、お互いが協力して生きてきた。

ところが、今、物も豊かでお金さえあれば手に入らぬものはない。一人ひとりが自分の世界で生きていける。二十四時間営業のコンビニで好きなものを買い、隣近所で借りることはない。お互いに協力しなくなったため、道徳的な規範意識も低下し、集団での活動を嫌悪する雰囲気も生まれている。地域での町内会や行事への参加も少なくなってきたというし、ゴミの収集日にもお手伝いを拒否する人もいる。それでも生きていける。

このような、一人ひとりが自分だけで生きていける豊かな社会は、餌が豊かで、単独で活動していた頃のサルの姿と重なって見える。

そして、今後、ますます情報化が進み、インターネットカフェで、見知らぬ人と情報を交換しながら自分一人だけの自由な時間が過ごせる。たぶん、その人にとって、それなりに快適な個人空間であろう。他人の目がなくなればフロイトのいう超自我(道徳的・社会的な自我とも呼ばれる)の力は劣り、本能的なエゴが勝ってくる。その時、人は欲望の赴くままに行動する動物に変身する。

ある少年の裁判で、ナイフで刺したら死ぬかもしれないということが少年にわからなかったという弁護士がいた。そういう弁護士もどうかと思うが、ナイフで刺したらどうなるかは子どもでもわかるはずである。学校でも命の尊さを教える授業はくり返しおこなわれている。物質的な豊かさと精神的な豊かさは、時として逆比例する。豊かさを満喫しているうちに、人間関係が希薄化し、それが社会秩序の乱れや道徳性の低下をもたらし、ますます犯罪の増加につながる。

褒められて伸びるか、叱られて伸びるか

ある有名なスポーツ選手だった人の話によると、叱られたことや注意されたことは三十秒で忘れるという。これを三十秒効果と呼んでいた。

たとえば、スポーツに強いチームは、試合中、ミスをするとその場で他の選手からも注意される。試合終了後、円陣を組んで、試合中のミスを注意されても効果がないという。ミスや嫌なことは三十秒で忘れてしまうため、その場で注意することが大事であるようだ。ただ、そうすると、仲間関係がギクシャクしないかと心配する。案の定、その元選手いわく、強いチームは人間関係が悪く、試合終了後、即解散する。仲良く酒を酌み交わしながら試合中のことを反省するチームは弱いと言い切った。

「昨日、あれよくなかったね」と言われても、「何だった?」という返事が返ってくることもよくある。だが、「昨日のあれはよかったね」と言われると笑顔が返ってく

る。よかったことはいつまでも残っているが、嫌なことはすぐに忘れたい。

ミスをしたとき、すぐその場で注意を与えたほうが効果的であり、リーダーはクラブを強くするためにそうしたいが、人間関係がギクシャクすることもあり、どうするか迷う。チームの団結力を重視したいと願っていると、その場でミスを注意するのを躊躇する。その結果、勝ちを取り逃がすこともある。

よきリーダーは、ミスした時は忘れないうちに注意を喚起し、その後で褒めることが上手な人であろう。すなわち、叱咤激励しながら厳しく指導をする時と、どこかで選手のよいところを認める手綱さばきに長けているのである。そうでないと選手はついてこない。

テニスの錦織圭選手のコーチは、「褒め上手、認め上手」であると聞いた。こう指導されれば、選手も気持ちよくがんばれると思う。

日常、人を褒めたり叱ったりしているが、本当に褒めているのか叱っているのかわからないことも多い。ある会合で、あなたの意見はすばらしいと褒めながら、終わりがけに、この点が疑問であると指摘する。もし、終わり間際にこれを言われたら、あなたは認められたと思って喜んで帰りますか。たぶん、逆でしょうね。後味はよくない。

人が嫌がるのは、「でもね…」の一言である。この言葉の次には、決まって「こう考えた方がいいと思う」などの批判的とも受け止められる言葉が続く。この最後の一言で、人は褒められていなかったと悟る。

もし、先に問題点を指摘され、その後で、あれはよかったと言われれば、よかったことが脳裏に残り、次もがんばる気持ちになる。やはり褒め上手であることは大事だ。

余談ながら、スポーツ選手だった人いわく、相手の調子を崩すにはミスを褒めればいいのだという。すると、ミスであってもミスでないと脳裏に叩き込まれ、徐々に調子を崩していくという。なんとも意地悪い根性で、そんなスポーツマンシップもあるのか思うと、少々、寂しくもなった。

直球と変化球の人間関係

自分は、本心で、真摯に話したのに相手は何も言ってくれなかった、裏切られたと言う人がいる。このような人は、確かに実直で、まっすぐに突き進む人ではある。ただ、相手には裏切ったという気持ちがない場合も多い。

のらりくらりと相談されて、一体、何が言いたいのかわからないとイライラする人がいる。聞く方が、あまりにも実直すぎては話にならないことがある。

人と付き合うのに、思いをそのままぶつけた方がいいか、相手の気持ちを察して、遠回しに話す方がいいか、分かれるところである。双方が実直すぎて、直球同士で衝突することも多いが、それで心底仲良くなることもある。反対に、ぶつかり合うことも多い。

われわれも時には変化球を使う。学生に遠回しに冗談を投げてみることもある。しかし、冗談を冗談と受け取ってくれず、本気と勘違いされて困ったことがある。こちらが変化球を投げたと思っていても、直球と勘違いする人もいる。コミュニケーションがとりにくい時代になった。今の若者は素直すぎて怖いくらいであり、直球だけで勝負する人も多い。ただ、その直球も剛速球ではない。意図せずに、微妙に変化するから怖い。

世の中には、人と話をする時、難しい内容を難しくストレートに話す人、反対に、やさしく話すことのできる人、またやさしい内容をやさしく話す人、反対に難しく話す人がいる。それぞれ、聞く人によって、それが直球にもなるし変化球にもなる。

いろいろなボールを投げる人の中でやっかいなのは、やさしい内容を難しく話す人である。意地の悪い変化球でもある。やさしく話せばいいのに、難しく話せば相手を説得できる、相手により伝わると思い違いをしているようだ。確かに、相手を説得させるためには難しく話すのは常套手段かも知れないが、このような人と話すと疲れる。

反対に、もっとも安心して聴けるのは、難しい内容をやさしく話してくれる人である。相手が理解できるように、やさしく話すには、内容をよく理解していないとできないことである。話し手が、内容をよく熟しているから、聞く方もよくわかる。「朝日新聞」のコラム（二〇〇八年六月十二日）に、評論家の宮崎哲弥が、テレビのコメンテーターはわかりやすく、難しく言うプロフェッショナルな能力が求められているという。確かに、わかりやすく、難しく言えば何となく頷かされる気分にもなるが、そんなプロ的な技をもった人は身近にいないし、素人同士ではそんな芸当はできない。やさしく素直な直球で返してもらうがわかりやすい。

とにかく、社会に出ると、まだまだいろいろなボールを投げる人がいる。ひょっとすると、自分以外は誰もわからないような隠し球、いや魔球を投げる人もいる。

そんな中で、自分のボールをどこに投げたらよいか、また投げても捕球してくれるか不安を感じる人もいるようだ。こんな不安を感じる人間関係を煩わしく思えば、複雑な人間から逃れるほかはない。一人になれる居場所を求めたくなる。

隙のある人間関係

人付き合いが下手な人と上手な人がいる。私も上手ではない。好き嫌いが顔に出てしまうこともある。好き嫌いの激しい人は、波長が合えばとことんつき合えるが、幅広く、いろいろな人と上手くやっていくことは苦手で、狭い範囲で親密になる傾向を持っている。

人によって、自分のすべてをさらけ出さないと親密な人間関係を保てないと考えている人がいると思えば、あまり深入りすると嫌がる人がいる。人とどのような距離を保ち、ほどほどの人間関係をどう維持するか悩むところである。いくら親しい間柄でも、心理的にも物理的にも適度な距離が必要である。

たしかに、いつも一緒にいる恋人も、たまには離れたく（？）なることもあろうし、自営業のある人曰く、いつも奥さんと一緒だと、時として窮屈にもなる。外で憂さ晴らしをしたくなるのもわかる。また、入り口まで一緒に行って、そこから別れて一人カラオケをする人もいる。他人に気兼ねすることなく思いっきり歌いたい気持ちになるようだ。

うちの夫婦はいつも平行線です、どうしたらよいでしょうかと相談を受けたことがある。私は、平行線、いいじゃないですか、と言った。もし交差すれば、永遠にすれ違ってしまいますよと言いかけて、でもどのくらいの平行線ですかと問うと、お互いにあまり話をしないとのこと。

年齢を聞くわけにもいかなかったが、六十歳は超えていた。お互いが還暦を超えれば、若い人のようにしょっちゅう話すものでもない、とわが身を振り返って聞いていた。日本の夫婦の一日の平均会話時間が二十分程度という調査もある。これが長いか、短いかは、それぞれの判断に任せたい。平行線と感じるのも適度な距離であろう。

良好な人間関係を保つには、くっつかず離れずの距離が必要であると同時に、相手に隙、すなわち弱点を見せることも必要である。人は誰でも欠点や弱点があり、相手に知られたくない気持ちはもっともであるが、弱みを見せるのも生きるための術でもある。とくに、自分に弱点があると思っている人にとって、相手も弱点があると思えば安心できる。心の距離が縮まった印象を受け、自分を素直に出せるようになり、なんとなく親しみを覚える。

隙があれば、相手にも安心感を与え、お互いに自分らしさが出せる関係になる。渡辺淳一の『鈍感力』という本が話題になった。この鈍感さは、どんな時もくよくよしないで、へこたれずに、物事を前向きに捉えていく力であり、いかに周りに鈍感になれるかで生き方が変わってくるようだ。ある意味、鈍感さを感じる人は、どことなく隙間があるからこそ、周りからも安心される。

ＮＨＫの連続ドラマ（あさちゃん）のご主人をみていると、隙をつくり、しかも距離を保つために上手く動いているなと感心する。鈍感力を感じる。

私は学生に、三十秒前は過去、くよくよしなさんな、と励ましている。これは、人との関係で自分自身が鈍感さを演じきれない時に、過去は忘れて、先を見ていこうと言い聞かせていることでもある。

返報性の人間関係

悩んだり、苦しんだりした時に、自分自身を他人に打ち明けることを自己開示という。あなたは誰に打ち明けているかな。親、兄弟、それとも仲間？

この自己開示には、相手との関係やその場面や立場などによっても異なってくる。すべて開示する人が、みんなによい印象を与えるわけでもない。集団で好まれないことも多いようだ。すべて開示する人は、何かあるのではという疑念を抱かせるようである。初対面の人に自分の悩みを打ち明けても怖がられるし、初デートでいきなり自分の家族の話題をされても面食らう。うまくいけば良好な人間関係が築けるが、下手をすると誤解され、とんでもないことになる。

自分自身を出し過ぎても嫌がられるし、出さなければよい人間関係は構築されない。ほどほどの付き合いのほうが長続きする。恋愛でも友だちでも、相手のことを考えて親切にする。親切が度を過ぎると相手は避けたくなるという落とし穴がある。

ある遠距離恋愛の二人。離れて暮らしていた時には、忙しい合間をみて、会いに行っていた。ところが、男性が仕事を辞めて彼女の近所に引っ越してくることになった途端、彼女から別れ話になったという。彼いわく、自分の思いをすべて打ち明け、彼女も喜んでくれると思い、決断したのに。一方、彼女いわく、仕事まで辞めてくることに心の負担を感じる。

自己開示には、開示された受け手も同じくらい自己開示するという返報性のルールがあるようだ。とすれば、相手がすべて開示しなければ、こちらもすべて開示しない。やはり一方に開示しすぎると、相手は嫌気をさす。

われわれは、いくら親しい間柄でも一つや二つ、打ち明けられないことがあるし、それはお互い様であると思うことが、長続きするコツでもあるようだ。

友人だから奢った、奢られたということは気にしないという人もいるかも知れないが、友人関係を長持ちさせる秘訣は、割り勘にすることだという。これも返報性に則ったものかなと思う。ただ、誘っておいて割り勘とは言い出しにくいし、失礼にあたるという人もいるが、友だちには最初から割り勘でいこうと宣言すればたいしたことはない。宣言して避けるようだったら、付き合わないほうがよい。

お金や本も借りたほうは忘れやすいが、貸したほうはいつまでも記憶に残っている。

話さないとわからない

外国では、記念日にはお互いにプレゼントする習慣があり、誕生日も花を贈る。また、バレンタインデーは、恋人や夫婦がお互いに贈り物を交換する日であるのに、日本では、いつしか女性がチョコレートをプレゼントする日になり、ホワイトデーは男性がお返しする日となった。ところが、最近ではこの習慣も少しずつ薄れてきて、女性が自分へのご褒美として買う傾向もある。義理でのプレゼントは、贈る方も贈られる方も心底喜べるものでもないが、それでも気持ちは伝わる。

プレゼント交換もコミュニケーションの一つであるが、その習慣も薄れ、また会話も減ってきたらどうなるのだろうか。日本人夫婦の一日の平均会話時間が、大体二十分前後であることは述べたが、欧米と比べると短いようだ。

私もアメリカの友人宅に泊まったことがあり、その友人は夫婦でよく話される。われわれ家族も招待され、夕食をご馳走になっている時、友人が私の息子に向かって、あなたのお父さんとお母さん、うまくいっているの？　と聞いたようだった。当然、小一の息子は、何を言われたかわからず、ポカンとした顔をしていたのが忘れられない。なぜ、その友人がそのようなことを息子に聞いたかはよくわかる。われわれ日本人の多くは、子はかすがいというように、子どもを介して話すことが多いし、外国人ほど夫婦で会話をしない。外国人からみると、なぜ直接、話さないのかが疑問であり、仲が悪いと思ってしまったようだ。

もし、日本で家族団らんの時、お父さんがお母さんに向かって、愛していると言ったらどうなるか。思春期の息子や娘がいたら、笑うか、「止めて」とも言われかねないし、そのようなことを言う人も少ないですよ（今ではわかりませんが）と、冗談まじりに、友人に話した覚えがある。不思議そうな顔をしていたのが想い出される。また、奥さんの誕生日に、家族のみんなの前で花をプレゼントしようものなら、何かあったの？　と怪訝そうな顔もされかねない。

毎日メールで、しかも絵文字で自分の意見を相手に伝えることに慣れ、相手の顔を見て、しっかり自分の意見を述べるのが苦手になった日本人が増えている。自分の言葉で主張し、コミュニケーションすることが難しくなっている。これまで、われわれは話さないでもわかっている、通じると言い聞かされてきたが、今や日本人同士でも通じるか怪しくなってきた。

さらに社会がグローバル化し、国際社会で生きていかなければならない現代においては、話さなければ通じないのである。相手の顔を見て、しっかり自分の意見を述べ、自分の意見を相手に伝えなければ生きていけない。

家庭内社会からの脱却

われわれは、言語や表情などのさまざまな手段を用いて、相手とコミュニケーションをとる。そのため、子どもの頃から相手にわかるように一字一句、丁寧に話すように教育されてきた。一方で、親しい人との間では以心伝心ということがあり、「あのー」の一言で通じると信じて付き合ってきた。そこには、子どもの頃から、世代を超えて価値を共有する文化や社会があったからである。

ところで、今、携帯メールなどの利用が同質的コミュニケーションを増大させ、強い絆（?）で結ばれ親密な他者との間でやりとりする傾向は強くなるが、一方で、世代間での価値の共有がなくなり、価値観が違った者同士のコミュニケーションは難しくなる。絵文字やその時代の流行語、一文字でメールする人間関係は、同じ世代で同じ価値を有していないとできない。そのために、親と子の間もコミュニケーションも減り、家庭崩壊などが起こった。

そのうちに、親世代も携帯やスマホを使えるようになると、母親が娘と、さらに父親も参加し、家族で情報を共有できるようになった。家族の絆を取り戻したかに見えたが、少子化と家庭内での繋がりが相まって、今や陸の孤島ともいえるような家庭内社会をつくっているのである。下重暁子の『家族という病』という本がベストセラーになっているように、家族という家庭内社会に、安心さと、紙一重の息苦しさを秘めている人も多くいる。

子どもは成長とともに、家族から離乳し、社会に出ていく。ところが、いつまでも家庭内社会から離れたくない若者の増加を生んでいるようだ。とくに、最近の新聞(「朝日新聞」二〇一六年一月六日)に、大学、学生事情の変化が掲載されていた。ある大学では、学食パスの履歴が残り、子どもと連絡が取れないという保護者からの問い合わせ(学校に行っているかなど)に応じるという。学生が家にいると、授業が休講かどうかの父親からの問い合わせに、私も応じた覚えがある。子どものことで不安になると大学に連絡する時代でもある。学生も親子の密着が気にならなくなり、授業が終わってすぐに親にメールする姿を見るとなんとも微笑ましいが、いつ親離れ、子離れするのか心配でもある。

たしかに、かつては、小学生や中学生の親が心配で学校に問い合わせることはよくあったが、今や大学生まで、いや社会人になって初めて会社に出勤する時、親が一緒についていって上司に挨拶をしたことはニュースにもなった。

これから社会は、国を超えてもっとグローバル化する。文化や伝統、さらには価値観も、社会規範も違う人々ともつき合うことが必然となる。そのような中で、家庭内社会に孤立していては、社会の流れに乗れなくなるのは目に見えている。

地域力の低下が犯罪の増加に

五月五日の子どもの日には、あちこちの家で空高く上がった鯉のぼりを目にした。

鯉のぼりを揚げるのは、子どもに元気に育ってほしいという一家の願いが込められている。一番高いところにあるのはお父さん鯉であり、一家の大黒柱であることを子どもに示していた。その家族の想いを子どもの脳裏に焼き付けてきた。また、地域の人も、鯉のぼりが揚がっているのを見て、あの家には元気な男の子がいることも知り、道ですれ違う時には話題になる。ある時、一番上に子どもの鯉のぼりが泳いでいるのを見かけた。父親の地位が下がったのか、子どもを支え、守る立場になったのかなと勝手に想像していた。

また、三月三日のひな祭りは、女の子の成長を願ってのお祝いである。ある時、道路沿いに、おひな様を飾って道行く人に観てもらっているという町がテレビで紹介された。子どもの成長を願わない親はいない。近所の人も、お隣さんにお子さんが生まれれば、声をかけたくもなる。これは自然のことであり、地域のつながりも強くなる。ところが今、このような行事が少しずつ廃れている。元気に泳ぐ鯉のぼりの姿を見かけなくなったし、広間におひな様を飾り、近くの子どもたちが集まってきて、お菓子をもらう光景もあまり見なくなった。それにつれて地域の人々のつながりも弱くなった。これも核家族化や少子化の影響かと思われるが、子どもの健やかな成長を地域が見守る環境がなくなっていくことは寂しいかぎりである。

地域のつながりは、単に、朝夕、挨拶をすることだけではない。四季折々の行事などを通じて、日頃からお互いがコミュニケーションを交わしながら連携を保ってきた。それが地域の力でもあり、この力が地域での犯罪防止に役立ってきた。今や、どの地方に行っても、施錠しないと安心して眠ることができないという。日本の安全神話が崩れつつあると嘆いていた人もいる。

子どもたちの学校の行き帰りにも、注意を払わなければいけない時代となった。公園でも、いつ不審者が侵入してくるかの不安があっては、親は安心して遊ばせられない。どこからともなく地域の人の目が光っていれば、子どもたちも安心して遊べるし、親も安心できる。

防犯カメラの設置が犯罪を減少させている地域もあると聞く。カメラの目は嘘をつかないし、いつでも見守ってくれる。しかし防犯カメラの設置は犯罪の抑止力にはならが、時間の経過とともに効果は薄れる恐れがある。また、カメラは事件が起こった時、解決の手がかりにはなるが、予防という点ではまだまだである。プライバシーの問題もある。いずれにせよ地域の目は事件の予防につながることは確かなようである。

通りすがりにお互いに挨拶できている地域では犯罪は少ないということはよく言われていることである。

傍観者効果

一九六〇年代のアメリカで一人の女性が帰宅途中に襲われた。女性が大声で悲鳴をあげたために襲った男は逃げた。しかし、近所から誰も助けがこないとわかると、もう一度現場に戻って暴行し、女性を殺害したという事件が起きた。多くの住人は悲鳴を聞いていながら誰一人として女性を助けようとしなかったという。

この事件について、ある心理学者は、「多くの人が悲鳴を聞いていたからこそ誰も助けなかった」と述べ、それを「傍観者効果」と呼んだ。そこには、緊急性を要しないと考える、他者と同調することで責任が分散される、結果（うまくいかなかった時）の評価を恐れる、の三つの要因をあげている。これらの要因で傍観者となってしまうという。

たしかに、女性が「助けて」と大きな叫び声をあげて走ってきたり、電車の中や駅で誰かが言い掛かりをつけられ乱暴されかけているのに、そこに緊急性を感じなければ、助けるかどうかを躊躇してしまう人も多い。結果として傍観者になる。

そのような場に居合わせた人は、たぶん、誰かが手を差しのべるのではないかと、お互いの顔を横目で見ているのではないだろうか。そこで、援助できるか、できないかは、自分の周りに人がどのくらいいるのかによって大きく影響されるようだ。傍にいる他者が多ければ多いほど、援助行動は少なくなる。自分ではなく誰かが援助するだろうという、援助すべき責任が多くの他者に分散されるからだ（責任性分散仮説と呼ばれる）。反対に、他者が少なくなれば、責任は分散されずに、自分しかできないということで手を差し伸べやすくなるようだ。

ただ、アメリカで起こったような大事件に居合わせた時、誰もが同じような対応をするわけではない。文化の違いといっていいのかわからないが、ある国では川でおぼれている人を橋の欄干から多くの人が眺めていて、その中の人が、「助けたらいくら貰える?」とおぼれている人と交渉している姿が世界に報道されたこともあった。傍観者どころではない。

今、われわれの社会も、都会、田舎関係なく人間関係が冷たくなり、人々のモラルが低下しているといっていいだろう。われわれもいつ傍観者になるかわからない。

ある人が、ブログに自分の悩みを書き綴ったところ、何百件もの書き込みがあったという。みな、同じような悩みを抱えているというような内容であり、心の支えになりたい、援助したいというものであった。ブログに書き込んだ人にも瞬時に多くの意見が寄せられる。それぞれ同じ悩みを共有していることで安心感が得られるのだろう。しかし、書き込んだ人も返事をした人も、もちろん実際に援助されることを期待してはいない。する気もないだろう。そんな気持ちを現実まで引きずってきたらこれまた、怖い。

うさぎとカメの話は前に書いたが、もしあなたがカメで、寝ているウサギの前を通るときどうするかを子どもたちに問いかけた授業を見たことがある。多くの子どもは、勝負に勝ちたいが、だまって通るのはよくない、起きないくらいの小さな声をかけるなどの反応していた。そこに何とも言えないやさしさを感じた。このやさしさが、傍観者への道を防いでくれるとありがたい。

第5章　失敗学のすすめ

生きるワクチン

いま麻疹などの免疫力の低下が話題になっている。小さい頃に病気に罹り、自然に免疫力を高めることが少なくなった。また副作用等の問題があり、小さい頃にワクチン注射をしないことにもよる。

子どもたちは、それぞれの発達段階でいろいろ経験し、失敗しながら多くのものを学ぶ。その時々の失敗はワクチンのようなもので、成長するにつれてその効き目が現れる。とくに、小さい頃の失敗は傷が浅く、大きな痛手にはならず、免疫力がつく。小さい頃の失敗は、将来、たくましく生きるためのワクチン注射である。

ところが、いま子どもたちは、小さい頃から純粋培養で育てられ、失敗すれば挫け、落ち込んでしまう。疾風怒濤の時期である青年期にはいろいろ悩むし、これまで経験したことがない状況に置かれる。周りから失敗とは思えないようなことでも、大きな失敗と思い込み、落ち込んでしまう人もいる。そのような人は子どもの頃からの失敗に対する免疫力が欠けていることが多い。

ある小学校では、四泊五日の修学旅行が三泊四日に短縮された。そこには、家族から離れて宿泊することの不安が根底にある。しかも、その三泊でもかなり不安に感じる子どもがいるという。先生は、子どもたちにとって修学旅行は楽しみだと思っていたが、そうではないことを知る。

子どもたちは、家族一緒の宿泊には抵抗感はないが、家族以外の他人といると疲れ、嫌がる。小学校高学年にもなると、ギャングエイジと呼ばれ、同性、同学年の仲間と徒党を組んで悪さの一つもする年齢ではある。また、子どもたちは地域の児童会や山間キャンプなどに参加し、学校や家庭では経験できないような体験をした。キャンプでは、子どもの好奇心を満たす空間や時間があり、危険と紙一重の体験を楽しんだ。そのような日常とは異なる中で人とふれあい、自分と違った価値観をもっている仲間がいることを知る。そして、中学校へ進学して、たくましく成長する。

ところが、最近ではギャングエイジも過去のものとなったという。小一プロブレムから中一ギャップへと課題が移ってきている。中学校でどんな友だちができるか、どんな部活に入るか楽しみであるはずであるが、初めての仲間とうまくいくか、クラブ活動でいじめられないか等々の不安が、子どもだけでなく親にも生じていることが悩ましい。親御さんの不安が子どもにも伝染する。周りの大人が楽しく背中を押してあげれば、子どもの不安も少なくなる。

成長して家族から離れ、一歩外に出ればそこは異文化の世界であり、否応なしに生きていかなければならない。親がさまざまな行事に付き添うのが当たり前と感じている心理的離乳期の青年の、子どもの頃の生活が知りたい。

学生というレッテルが剥がされ、一人前になった時、周りに教えてくださいとも言えないし、言えばこんなことも知らないのかと一蹴される。小さい時の傷は軽く済むし、二、三日もすれば忘れるが、大人になって落ち込む傷は大きいし、立ち直るのが難しい。社会に出てから悩まないための生きる免疫力をつけるなら早いほうがいい。

「私たちは、苦しむことなしで十全な人間になることはできない」（ロロ・メイ）

失敗のワクチン

われわれは、親や他人から教えてもらうだけでは自分の生き方は身につかない。かつて、苦手なことに何度も失敗を重ねるうちに、自分に最も合ったやり方を獲得し、その分野のエキスパートとして活躍している人は多い。最初から自分の得手や不得手を知っている人は珍しい。たとえ知っていたにしても、本当の意味でのその人のやり方であるかどうかは疑わしい。

名を成し遂げた人の失敗談はよく聞くし、いつも懐に辞表を携えている人もいる。「失敗は成功のもと」と言われているように、失敗は誰にでもあり、当たり前である。しかし、多くの人はできるかぎり失敗をしないように願っているし、失敗を自分の問題として受け止めていない。失敗を失敗として真剣に受け止め、次へどう飛躍できるかによってその後の生き方も変わってくる。

「七転び八起き」ということはよく知られているが、明治の実業家であり、日本の女子教育に情熱を傾けた広岡浅子は「九転び十起き」であったという。何回転んでも最後には起き上がって成功した。

ある東大の物理学者は、「失敗することは当たり前である」と述べていた。失敗のたびに、新たに装置を考えて組み直す。その繰り返しであるという。元名大の教授で、ノーベル賞を受賞した野依良治先生は、「失敗した時は新たに考える機会ができたということ」という。失敗したからこそ考えるチャンスが与えられたのである。順調に進んでいる時ほど落とし穴に落ち入りやすいとは、よく言ったものである。

『世界のエリートの「失敗力」』（佐藤智恵）によると、アメリカの難関の経営大学院では「失敗体験」をテーマとしたエッセーが受験課題としてたびたび出される。失敗を語るときに、その人の人格がにじみ出るようだ。

失敗を恐れずに挑戦する気持ちが人を育てる。新しい物を創造する時に、積極的に失敗を推奨している日本の企業も多くある。企業も生き残りをかけ、社員にも率先して開発することを求めている。頭の中だけでやれる、やれないと諦めないで、とにかくやってみる、チャレンジすることが必要となる。失敗を繰り返しながら、何をどう学習するかという学び方を習得していく。

これまで一〇〇回失敗してきたというスキージャンパーの葛西紀明選手は、気力が低下してもおかしくないのに四十一歳になってもまだまだ挑戦するという。「諦めたときが試合終了」という『スラムダンク』というコミックもあった。諦めた時が、本当の失敗になる。

「就活に失敗学を」の（「朝日新聞」社説〈各務滋〉二〇一四年一月九日）で、ある学生のことばが引用されていた。

「学生全体に『失敗への恐怖』があると感じた。失敗例を知らないから、失敗に臆病になりすぎるのだと思う」

失敗に対する恐怖心で臆病になっている若者が増えて、これからの社会はどうなるか心配ではある。最近では、スマホの中で理想の恋愛に浸っているとも聞く。そこでは失恋による痛みはないし、相手に神経を使うこともない。そんな空想から現実に向かう怖さから、ますます本当の恋愛が面倒と思う若者も増えている。

他人の失敗も活用のうち

また、同じ各務滋の「就活に失敗学を」に、「就活ガイダンスは、企業等で活躍している人の話が多い。必ずしも、企業で成功したことを話すだけではないにしても、うまくいった人の話は、何かを始まる前には励みになるが、うまくいかずに悩んでいるときには支えにはならない。むしろ重圧にさえなるという」というような声も載っていた。

行き詰った時や悩んだ時に効く薬がそう簡単に見つかるわけではないとわかりつつも、多くの人は成功した人の話からヒントを得ようと必死になって耳を傾ける。だが、聞けば聞くほど、自分から遠のいていく感じになり、結局はできないと自分にプレッシャーをかけることになる。なるほど、失敗談だけの講演会には人は集まらないのは当然である。本当は、成功した話を聞くよりはもっと役にたちそうではあるが、そうはいかないのがおもしろい。失敗を多くした人が失敗談を聞くと、多分安心してしまう恐れがあるのだろう。失敗してもいいのだという気持ちがプラスに働いて気楽に挑戦する意欲がわいてくるようであれば、有意義な講演会ということになるのだが。

モデルが良きモデルになり得るには、努力次第で自分でも手の届くかも知れないと思った瞬間である。それも自分の今のレベルについての自己認識がしっかりできているかによる。

巷では、「○○に失敗しない方法」という本に飛びつき、著者になりきっていろいろ試みる人も多い。しかし、本の通りに上手くいった人の話はあまり聞かない。そのような本は、始めから失敗をしない方策を教えてくれるわけではない。先達者の失敗例を示して、読む人が同じ失敗を繰り返さないようなノウ・ハウを示しているのである。

本当は、著者と同じような失敗を繰り返したほうが、血となり肉となると思うが、それでも同じように成功するとは限らない。少しでも無駄な失敗を減らすには、他人の失敗もうまく活用することも一考である。ただ、何か一つでも参考になれば十分であり、欲張らないこと。欲張りはケガのもとである。

私もゴルフが好きで、ゴルフ番組が楽しみであったことはすでに述べた。最近は、飛ばなくなったが、プロのワンポイントレッスンをときどきテレビで観る。そしてラウンド中に実践してみて、上手くいくこともある。また、一緒にプレイする人が自分より少し上手なら、失敗したとき、こちらから教えを請うこともする。素直に教えてくれる。こうしてラウンドするのが楽しくなった。プロがモデルになり得るには、技を見抜くだけの実力を備えることが先決である。

われわれは、日々いろいろな経験をし、いく度となく失敗する。その失敗から脱出するのに苦労している時には、他人をモデルにして学ぶことも多い。上司や先輩を鏡にしてやり方を変えることもするが、それには自分の中の引き出しにどのくらいの失敗を抱えているかによる。昔は、親方から技術を盗み取るのが当たり前で、親切に教えてくれなかったようだ。手取り足取り教えてくれる親方からは多くは学べない。教えてもらうと忘れるのも早く、身につきにくい。

反省も心のワクチン

誰しも大人は、子どもが心豊かに育ってほしいと願っている。そのために、子どもにとって良かれと思うことを、親としてはできる限りしてあげたいと思っている。その気持ちは、自然な親心である。

人は、紆余曲折や挫折を経験しながら成長する。その過程でのさまざまな経験や反省は将来への大切な肥やしになる。ところが、失敗や心の痛みを伴うような経験をさせましょうと親に話しても、何で失敗のワクチンをわざわざ打つ必要があるのかと反発をくらいそうである。

苦しくても我慢しようね、失敗しても後でいいことがあるから頑張りなさいと、子どもたちは、幼い頃から親や周りの大人から励まされてきた。買い物に出かけ、子どもが欲しいものをねだると、多くの親は、今は我慢しなさいと注意する。お客さんがいれば、子どもはこれぞチャンスとばかりにおねだりすると、親は後にしなさいと言い含めた。大きな失敗の経験によるワクチンでなくても、日々の生活の中で、反省をくり返して免疫力をつけてきた。

私の知り合いで、日本の初等教育を研究しているアメリカのキャサリン・ルイス教授は、ご子息が日本の小学校で体験入学された日のことを、大変興味深く話していたことを記憶している。

それは、なんとクラスでの帰りの会の出来事であった。毎日、帰り間際に、ご子息のクラスでもその日の反省会がおこなわれ、みんなの前で、掃除係の生徒が「今日○○君は、掃除をサボっていました」と報告した。当の生徒は、素直に「すみませんでした、明日からはしっかりやります」、との素直な反省の弁にみんなは納得していた。

これを見たルイスさんは、目を丸くした。帰りの会のようなものはアメリカにはないし、ましてやみんなの前で反省させられることはないようだ。アメリカで、もし、サボったとみんなの前で指摘されれば、その証拠を出さなければ問題となるという。しかも、注意され、大勢の前で反省させられることは、その子にとって大変な心の重荷を背負うことになり、ルイスさんには驚きと映ったようだ。

たぶん、今ではこんな光景もあまり学校でも見られなくなっただろう。みんなの前で叱責して詰め寄ることは、教育上、好ましくないと批判されるし、家族からクレームも出る。

日本では今、社会の規範意識の低下をなんとかしようということで、子どもの道徳心の向上や心の教育に力が注がれている。しかし、外国人から見れば違和感のあるかつての毎日の反省会でのやりとりが、日本人の心のワクチンとなり、道徳心や「耐えること」の育成に一助を担ってきたという一面もあるだろう。

学校でも家庭でも、毎日が道徳教育そのものの生活であった。

子どもの時の経験は貴重な宝物

子どもが小さい頃、いろいろな所に連れていったのに、全然覚えていないと親は嘆く。しかも、小学校四年生くらいになると、親とも旅行に行きたがらない。そこで親は、小さい頃に出かけた写真を取り出して、かつての楽しい思い出を語る。子どもはどこ吹く風の知らん顔。親のため息が聞こえてきそうであるが、あまり嘆くことはない。

この年齢の子どもは、心理的にも独り立ちの旅に出発するときである。いつまでも親の元にいるのも心配ではある。

小さい頃、家族で遊びに行きたいのに、親が仕事等で忙しく、どこにも連れていってもらえなかった子どもにとって、その寂しい想いが心に深く残ることがある。そしてその時の寂しかった気持ちが、その子が親になったときに違った形で表面化する。

せめて、子どもには自分のような寂しい思いをさせたくない心理が強く働き、無理に連れていく親もよく見かける。

知り合いで、子どもをキャンプにしきりに誘う父親がいた。その父親は、小さい頃、友だちが親とキャンプに行く姿が羨ましかったのである。子どもは友だちと遊びに行きたいのに仕方なく親について行く。テンションが上がっていたのは父親だけであった。また、自分が行けなかった有名な学校に行かせたいと、親は塾に通わせて一生懸命になるが、子どもは別の道を選ぶ。親子で喧嘩の毎日となる。ある人が、小さい頃、いじめられたことがきっかけで、教師になる夢を持ち、見事試験に合格し、教える立場になった。しかし、教師になった今でも、大きな声が背中から聞こえてくるとビクッとする。子どもの頃の経験がトラウマとして残り、心の傷になっていたのである。

このように、小さい頃の辛く、嫌な経験が心の奥底にトラウマとして残り、大人になってさまざまな形で表れてくることもある。いつまでも大きな声にビクッとすることも、また、自分の子どもの頃の辛い思いを子どもにはさせたくないという親の気持ちが勝り、期待をかけ過ぎたり、無理じいをさせたりしていることもある。

子どもの頃の楽しさやよい体験は、自分が大人になった時にも、素直にその楽しさを子どもに継ぐことができる。子どもにとって楽しい体験は多ければ多いほどいいことであり、生涯の宝物になる。

心豊かな心の成長にとって、楽しさのワクチンは貴重である。

昔話は心のワクチン

昔話は幼い子どもにとって怖い内容のものも多く、怖い話は身近なことであるほど、その怖さは強くなり、恐怖心が植えつけられることになる。

そこで、「昔、昔、あるところに…」のように、昔の話として始まるようになったとも聞く。子どもにとって、これから聞く話は、昔のことであり、今のことではないことを思い込ませ、安心して聞かせる知恵があったという。こうすれば、怖い話でも、その怖さは和らげられる。そうしないと子どもは悪夢にうなされ、安心してぐっすり眠られない。

昔話には、日本古来の知恵があり、愛があり、踏み外してはならない人の道があり、勧善懲悪の筋があると言われている。たとえば、悪いおじいさんと良いおじいさんがいて、良いおじいさんがおこなうと褒美はもらえるが、悪いおじいさんがしても罰が与えられる話がある。内容は単純であるが、もし、悪いことをするとどうなるかについて、幼な心に刻みつけるのに意味があり、道徳的な心の育成にとってのワクチンを注射しているようなものである。このワクチンも、一度限りでは効果はない。毎夜、親から繰り返し読んでもらい、知らず知らずのうちに心のどこかに残り、悪いことに対する抗体ができる。

今、子どもたちの規範意識の低下に対して、心の教育が叫ばれている。学校でも、朝や帰りに、さらには道徳の授業などでもさまざまな教材を使って、命の大切さなどについて繰り返し教えている。そのことで子どもたちに道徳心が身につき、いじめがいけないことであると教えられると思っている。しかし、いじめや暴力などは一向に減らないのはどうしてか。

子どもたちが身に付けているのは「観念としての道徳観」にすぎないからだ。確かに観念としてしっかり身に付ければ、いじめや暴力はなくなるのだろうが、わかっていてもいじめてしまうのは、何かがまだ欠けているのであろう。

今の子どもたちは、毎日の生活の中で仲間と遊び、けんかをして、悪口を言えば相手がどう思うか等々について学ぶ機会が少なくなっている。だから、いざその場面に直面すると、自分の感情がストレートに出てしまうのではないか。もし、幼い頃に昔物語に触れ、その話が子どもたちの中で学校の道徳教育の中身と重なり合ってくれば、もう少し、いじめを身近なものとして彼らは理解できるのではないか。昔話の記憶は心のコントロールの役割を果たしてくれるはずだ。そうなれば、心の奥底に植えつけられた、相手を殴りたいなどの気持ちを咄嗟の判断で止めることができるのである。

やってはいけないことを直前で止めるワクチンとして昔話があるとすれば、寝る前のほんの一時ではあるが、子どもに聞かせてあげることも大事である。

よい失敗と悪い失敗

あるノーベル賞に輝いた先生が、「われわれがいつも失敗と口癖のように言っているのは失敗ではない。失敗はそこで終わりを意味する」というようなことを述べていた。そんなのは失敗ではない、次へのステップであるというのである。本当に失敗すれば人生が終わるのだから。

しかし、われわれは、自分の思うようにいかないと失敗と考えてしまい、落ち込む。人は同じ失敗を繰り返すことが多いが、そこには、繰り返してもよい失敗とまずい失敗がある。失敗したあと、どうして失敗したかわかれば次は同じ失敗をしない。これは、ある意味ではいい失敗（役に立つ失敗は繰り返してもよい）であり、失敗することによって、いろいろ学び、失敗に強くなる。反対に、失敗するはずではないところで失敗したり、同じ失敗を何度も繰り返したりする人がいる。また、失敗を失敗と認識できない人もいる。これらは、いわば悪い失敗である。

若いうちは、悪い失敗をしなければ立ち直れるし、後で取り返しがきく。幼い時期での失敗はむしろ肥やしにもなる。失敗への免疫力をつくるチャンスである。失敗は成功の元とは、昔から言われていることである。

ただ、今の人は失敗を怖がるようだ。それにもさまざまな原因もあろう。小さい頃からの家庭教育、学校教育の中で、怖さを知らずに成長し、大人になって知る。怖さ倍増である。かつての子育ては「手を離しても、目を離すな」と言われていて、子どもが失敗しても大きなケガにならないかぎり見守っていた。子どもは安心して、思いっきり跳ね回り、失敗を恐れず怖いこともした。親は子どもが転んでも自力で這い上がるまで辛抱強く待った。

しかし、いつ頃かは知らないが、「目を離しても、手を離さない」ようになった。子どもは、いろいろ冒険もしたいが、親が手をしっかり握って離してくれない。子どものやる気は薄れるばかりである。子どもから離れた親の目はどこを向いている？　スマホ？

学校でも、体育や多くの活動もケガや失敗を恐れて、安全第一となった。組み立て体操も何段にするか先生も悩む。ある小学校では、二段でも上から降りる時にくじいたとのこと。何回も失敗をくり返し、やっと成功するのが運動会の前日ということもある。いい失敗は、成功した時には喜びになる。放課後、子どもたちは運動場で飛び回っている。先生も一緒だと子どもは安心し、失敗も恐れず動き回ることもできる。

たとえいい失敗であっても、わざわざ失敗を与えて抵抗力をつけさせようとするには勇気がいる。ただ、少し躓いただけで、また注意されただけで落ち込んでしまう子どもの姿を見ていると、つくづく免疫力がないと思う。

おわりに

すでに述べたように、私は、四十年以上、主に、義務教育の教員の養成に関わってきた。その間に学生気質も大きく変化してきた。大学で教員同士が顔を合わせると、今の学生は「……」との愚痴が出る。

それでは、今と昔の若者のどこがどう変わっているのか、具体的に指摘してくださいと言われても、なかなか答えが見つからない。全体として、まじめで素直になってきたと多くの人は言う。もちろんこの言葉には皮肉も含まれているが。

最近では、十八歳で選挙権が認められ、大学生はもう立派な大人であり、教員の言うことにも反発するし、自分で考えて行動することも期待される。しかしながら、始める前に相談に来るのはいいが、指示するまで待っている学生も多い。それは、何も大学生になってからそうしているのではなさそうである。ある調査（青山学院大学の樋田大二郎教授ほかによる）では、小学校では、教師に反発しない生徒が教師に気に入れられているようだ（ベネッセ教育研究開発センター、二〇一二）。生徒はそのような教師の姿勢も察知しながら学校に通っている。また、高校生で、「授業や勉強に熱心」と答えたのが六割を占め、三十年前の一・六倍になり、「生徒のまじめ化が進んでいる」という（同志社大学・尾嶋史章教授らの調査「朝日新聞」二〇一二年十一月二十一日）という。こうして大学生になるが、もう反発しない態度は染みついている。ただ、教員からすると、相談に来られるのはうれしいが、あまり頻繁になると、ちょっとは自分で考え、行動してほしいとも思う。

学生はまじめであり、やり出すと一生懸命になる。私は、もともと大学では弓道をやっていたので、以前の大学の弓道部の顧問も務めさせてもらった。ある時、学生が「どうしたら当たるようになりますか」と聞いてきた。その時、「当てよう、当てよう」と思わないこと、「当たる」と思い込みなさいと助言をした覚えがある。まじめであるがゆえ、こうすれば当たると言うと、ますます一生懸命になるが、結果が伴わないことが多くある。

これからの変化の激しい社会では、まじめや素直さだけでは生きられない。ただし、社会の中で生きるには、意欲がどれだけあってもいいが、欲をあまり出しすぎると嫌われる恐れはあるし、大きなケガもする。

いつも年頭には、今年は大変な年になるとも言われ続けてきた。確かに、地球温暖化による異常気象や、地域紛争、経済不安等、さまざまな要因が複雑化して、社会の流れが予測不可能になった。しかし、その中で、人が人らしく、身の丈に合った生き方をするにはどうすればいいか真剣に考えざるを得なくなる。さらに社会が複雑になるにつれて、人が人と協力して生きていかなければならないとの願いは強くなる。

今年の、宮中での歌会始めのお題が、「人」である。一般からの募集もかなりあるようだ。みなさんはどんな気持ちで詠んだだろうか。

私も、これまで多くの人を教え、また多くの人に支えられてきた。その時々に、教育や人と人との係わりについて思いを書き留めながらやってきた。こちらが元気なら相手も元気だし、こちらが笑えば相手も笑う。人との付き合いは考えるほど難しくない、との想いから、前回、拙書『鏡は先に笑わない』を出版させていただいた。今回、愛知教育大学、愛知淑徳大学在職中に得た研究成果も含めて、もう少し、人間を「人」と「間」で生きる視点からまとめてみた。

今回の本書の出版にあたり、愛知淑徳大学のみなさんに多くのご協力をいただきました。また、風媒社の会長、稲垣喜代志氏、編集部の林桂吾氏には大変お世話になりました。心から御礼申し上げます。

参考文献

金沢創ほか『ゼロからはじめる心理学・入門』有斐閣、二〇一五年
木原武一『父親の研究』新潮社、一九九九年
キャサリン・コーリンほか『心理学大図鑑』小須田健訳、三省堂、二〇一三年
佐藤智恵『世界のエリートの「失敗力」』PHP、二〇一四年
林春男『サザエさん家の血液型』日本グループダイナミックス学会、一九八五年
森政弘『「非まじめ」のすすめ』講談社、一九八三年
ロラン・バルト『表徴の帝国』宗左近訳、新潮社、一九七四年
養老孟司『バカの壁』新潮文庫、二〇〇三年

＊

「公立は学校なのか」『AERA』朝日新聞社、二〇〇六年四月三日号
文化庁「国語に関する世論調査」二〇一五年
ベネッセ「第4回子育て生活基本調査ダイジェスト」教育研究開発センター、二〇一一年

［著者略歴］
中野靖彦（なかの・やすひこ）
1945年、愛知県に生まれる。名古屋大学大学院教育学研究科教育心理学専攻修士修了。教育学博士。愛知教育大学教授、愛知淑徳大学教授を経て、愛知教育大学名誉教授。教育、発達に関する著書に『子どもの“こころ”が見えますか』（霞出版社）、『その子らしさを伸ばす』（第三文明社）、『心の豊かな強い子に育って！』（第三文明社）、『新・子どもの心理』（共著、福村出版）、『鏡は先に笑わない』（風媒社）ほか

装幀／田端昌良
表紙イラスト／安藤かをり

身の丈で生きるということ──〈人間力〉の育み方

2016年5月20日　第1刷発行　（定価はカバーに表示してあります）

著　者　　中野　靖彦

発行者　　山口　章

発行所　名古屋市中区上前津2-9-14　久野ビル
電話 052-331-0008　FAX052-331-0512
振替 00880-5-5616 http://www.fubaisha.com/
風媒社

乱丁・落丁本はお取り替えいたします。　＊印刷・製本／シナノパブリッシングプレス
ISBN978-4-8331-0962-8

中野靖彦

鏡は先に笑わない

〝こころ〟豊かな子どもを育てるために

子供の気持ちがわからないと嘆く前に、先生や親は自分が子供の前でどんな顔をして話しているか鏡を見てほしい。大人が楽しければ子どもも楽しくなるし、その逆もまた真である。親・教師たちへのメッセージ。

一二〇〇円＋税

川村真貴子

双子ザウルス奮闘記

苦労は二倍、喜びは∞！　双子を抱えて、仕事と育児に奮闘するママ新聞記者の、怒涛の子育てエッセイ。「最高に共感できる一冊です。ザウルス達よ　ありがとう！」（山下久美子、ミュージシャン・双子の母）

一二〇〇円＋税

川村真貴子

いつも二人で楽しいな！

双子ザウルス奮闘記2

怒って泣いて、笑って心ほぐれる…てんやわんやの日々を痛快なタッチで描く子育てエッセイ第二弾！　保育園の年長さんから小学校入学までの成長著しい時期の育児の難しさ、そして奥深さを実感できる一冊。

一二〇〇円＋税